全セクション対応
TOEFL® TEST
はじめての徹底攻略！

CD付

柴山かつの 監修／著
ブレーブン・スマイリー　新田亜紀子　茶谷康子 著

TOEFL is a registered trademark of Educational Testing Service(ETS).
This publication is not endorsed or approved by ETS.

三修社

TOEFL® iBT対応

はじめに

　本書は，TOEFL® TEST をはじめて受験する人や，どうやって準備勉強をしたらいいのかわからず迷っている学習者のために誕生しました。

　はじめて TOEFL を受ける受験生が，本番レベルの長さの問題をいきなり解こうとしたら，学習意欲をなくしてしまうでしょう。これとは逆に，簡単すぎる問題ばかり解いていても，本番の試験には対応できません。まずは設問のパターンに慣れることが大切です。
　私たちは，TOEFL 講師として，どこかにいい教材はないかといつも探し続けてきました。
　しかし，はじめての TOEFL 受験生の教材として使うには難しすぎる問題集，また，攻略法を教えてくれていない問題集がほとんどでした。そこで，理想の問題集を自分たちで書き上げることを決意したのです。

　読者のみなさん！　本書で TOEFL の攻略法を学んで身につけましょう！　スポーツ選手は，活躍できるようになる前に，十分な基礎トレーニングをこなします。これと同じように，本書は学習者を**「自分で解ける」レベルまで育てるコーチ**の役割を果たします。
　まだ TOEFL 学習の入口に立ったばかりのみなさんは，「TOEFL iBT はとっつきにくい」という印象を持っていませんか？　その気持ち，よ〜くわかります。

　TOEFL のテスト内容は，北アメリカの大学で使用するような教材の読解と未知の分野の講義の聞き取りです。
　また TOEFL iBT（iBT=Internet Based Test，インターネットによる問題と解答の配信により効率化されたテスト）は 4〜5 時間のテストという斬新さ。う〜ん，聞いただけで疲れちゃう〜って思っている人も多いのではないでしょうか？

　「一体どんなテスト？」「スピーキングは？　ライティングはどうやるの？」という疑問にかられて本書を手にしている人もいるかもしれませんね。ご安心ください。本書では，文法力・リスニング力・読解力・スピーキング力・ライティング力のすべてに共通する攻略法を，各セクションごとにわかりやすく説明しています。
　さらに本書は，**実際の TOEFL よりもやさしく半分ほどの長さの練習問題**を解くことで TOEFL のパターンに慣れた後，各セクションの最後で，TOEFL レベルにより近い問題で力試しをする構成になっています。この形式によって，長く複雑な実際の TOEFL の形式に少しずつなじんでいけるように工夫されているのです。

スピーキングやライティングのように、「自分の考えの発信力」が求められるセクションに関しては、TOEFLレベルの問題に挑戦する前に、**発信のための土台を段階的に築いていくためのトレーニング**がたっぷり用意されています。

　留学したい人、TOEFLのスコアがあれば入試で有利になるという人、あるいはその他の理由でTOEFLを受験する人など、みなさんはさまざまな理由でTOEFLを受験されることと思います。TOEFLという「山」が果てしなく高くそびえ立っているように見えても、決してあきらめないでください！

　ちゃんとその山を越える方法があるのです！

　その方法とは、私たちが教える「ここに足をかけてごらん、登りやすいよ」という攻略法です。ときには攻略法だけではなく、「大丈夫！　自分で登れるようになるよ。ちゃんと力がついてきているから」と、あなたの「英語力作り」を見守る視点で、私たちはあなたの「山登り」をサポートします。

　本書は、今まさに山を見上げながら「がんばってみたいな！」と思っているあなたを最後まで応援して、ゴールまでの道のりを照らし続けます。
　TOEFLという山のふもとにいる受験生のみなさん、まずは本書で勉強して第一歩を踏み出してください！
　本書を通じて学習することで、はじめての受験生はTOEFLに自信をもってチャレンジできるようになります。そして2度目以降の受験生も、攻略法を身につけることによって、確実にTOEFLの得点がグ～ンとアップすることでしょう。
　また本書をやり終えたときに、TOEFLの勉強は実は「**英語でやっていける力**」を身につける準備だったということもわかるでしょう。
　本書による学習は、実際に留学してからも非常に役立ちます。私たちは「この本をやってよかった～！」とみなさんに実感してもらえることを確信しています！
　TOEFLの受験勉強をしながら、目標に向かって一歩一歩進むみなさんの意欲は、前向きな人生への第一歩でもありますね！

　英語が必須とされるグローバル化時代に、みなさんのスコアアップに貢献し、そして英語を好きになってもらえる本を生み出せた私たちは、今最高に幸せです！
　これからも一緒に学んでいきましょう！

監修・著者　柴山かつの
著者　Braven Smillie　新田亜紀子　茶谷康子

CONTENTS

- **本書の構成と学習法** ……………………………………………………… 6
- **TOEFL® TEST の概要** …………………………………………………… 9

- **リーディング・セクションの攻略法** ………………………………… 19
  - TOEFL リーディングを知ろう！ ……………………………………… 20
  - TOEFL リーディングのストラテジー 13 か条 ……………………… 24
    1. 時の経過に沿った文を読むための攻略法 ……………………… 28
    2. 知らない単語を推測する攻略法 ………………………………… 40
    3. 言葉の置き換え（代名詞と指示代名詞）の攻略法 …………… 52
    4. 意見を読むための攻略法 ………………………………………… 64
    5. 説明文を読むための攻略法 ……………………………………… 75
    6. 「1 つの段落に 1 つのポイント」の攻略法 …………………… 87
  - TOEFL 実力テスト ……………………………………………………… 98

- **リスニング・セクションの攻略法** …………………………………… 109
  - TOEFL リスニングを知ろう！ ………………………………………… 110
  - TOEFL リスニングのストラテジー 7 か条 …………………………… 114
    1. 条件と選択肢を聞き取るための攻略法 ………………………… 116
    2. 比較を聞き取る攻略法 …………………………………………… 124
    3. 説明文を聞き取るための攻略法 ………………………………… 133
    4. 意見を聞くための攻略法 ………………………………………… 142
    5. イメージしながら聞く攻略法 …………………………………… 152
    6. 因果関係を聞き取るための攻略法 ……………………………… 160
  - TOEFL 実力テスト 1 …………………………………………………… 169
  - TOEFL 実力テスト 2 …………………………………………………… 178

◆ スピーキング・セクションの攻略法　　**187**

TOEFL スピーキングを知ろう！ ……………………………………188
1. Independent Speaking Task（単独型スピーキングタスク）……190
   - 攻略法 *1*　理由説明に役立つ構文力を身につけよう！ ………190
   - 攻略法 *2*　「共通項」の言葉で伝えていこう！ ………………194
   - 攻略法 *3*　「話し手の立場」を加えて説得力を強めよう！ …198
2. Integrated Speaking Task（統合型スピーキングタスク）……202
   - 攻略法 *4*　情報を「言葉」ではなく「意味」でとらえよう！ …202
   - 攻略法 *5*　「意味」でとらえた情報を自分の言葉で再現しよう！ …206
   - 攻略法 *6*　得た情報を要約してみよう！ ………………………210
3. TOEFL スピーキング総合対策（TOEFL 実力テスト）………214
   解答・解説 ……………………218　スクリプト・訳 ……………236

◆ ライティング・セクションの攻略法　　**247**

TOEFL ライティングを知ろう！ …………………………………248
1. TOEFL ライティング共通対策 ………………………………250
   - 攻略法 *1*　文単位からエッセイにつないでいこう！ …………250
2. Integrated Writing Task（統合型ライティングタスク）………254
   - 攻略法 *2*　相違点を述べる表現を身につけよう！ ……………254
   - 攻略法 *3*　読解と聴解による情報分析をしよう！ ……………261
   - 攻略法 *4*　情報をまとめてエッセイにしよう！ ………………268
3. Independent Writing Task（単独型ライティングタスク）……270
   - 攻略法 *5*　比較文に強くなろう！ ………………………………270
   - 攻略法 *6*　順序立てて話を展開させよう！ ……………………274
   - 攻略法 *7*　説得力を持たせよう！ ………………………………277
4. TOEFL ライティング総合対策（TOEFL 実力テスト）………282
   解答・解説 ……………………284　スクリプト・訳 ……………292

本書の構成と学習法

本書は，実際のTOEFL iBTに準拠し，リーディング・リスニング・スピーキング・ライティングの4つのセクションから構成されています。

リーディングセクション&リスニングセクション

リーディングセクションおよびリスニングセクションの導入部分には，まず「①設問のパターン分析／②攻略法／③先生と生徒の会話」を用意しています。この部分は，練習問題を解く前に読んでも，解いてから読んでもOKです。ある程度自信のある学習者は練習問題を終えた後に，まだ不安を感じている学習者は練習問題に入る前に読むのが効果的です。いずれにしろ，練習問題の答え合わせをした後で，もう一度①〜③の部分を確認し，設問のパターンとその攻略法をしっかり身につけてください。

なお，練習問題は「問題文・全訳・解答・解説・重要語句をチェックしよう」の順に並んでいます。問題文に戻って参照しなくても，解説だけを読んで理解できるように配慮されています。解説を読めば，攻略法が一目でわかります。下記がその例です。

Q4：〈 要点を把握する問題　段落の最初の文か最後の文に正解があることが多い！
　　＋ 正解は言い換えられていることが多い！〉

最後の**重要語句をチェックしよう**には，問題で使われていた，覚えておきたい重要語句がリストアップされています。リストを見て，覚えている重要語句は□に✓を入れて確認しておきましょう。

重要語句をチェックしよう
☐ recording media 記録メディア　☐ ancient 古代の（大昔の）

単語力が多いことは，問題を理解する上で大きな強みとなります。繰り返し問題を解いて，ここに示してある重要単語はすべて確実に覚えてしまいましょう。

スピーキングセクション&ライティングセクション

　TOEFL iBT のスピーキングセクションおよびライティングセクションでは,「単独型」と「統合型」の2種類のタスク（課題）があります。

　単独型では, スピーキングもしくはライティング技能を使って解答する単独タスクが課されます。統合型では, リーディングやリスニング技能による情報収集を経て, スピーキングもしくはライティング技能によってポイントを伝えるという統合的タスクが課されます。

　日本人は「発信型」とされるスピーキングとライティングのスコアが世界的にみて低い傾向があります。TOEFL iBT では「単独型」といっても, 実際には英語力だけではなく, 自分の意見を表明する能力と, それを証拠立てる論理的な理由説明が求められます。「統合型」では, 情報分析を経た的確な要約が求められるため, 一見ハードルが高いマルチタスクのように思えるかもしれません。

　しかし, ご安心ください！ 本書を使って学習すれば, TOEFL 攻略法が確実に身につき, 大きく発信力を伸ばすことができるのです。英語の運用能力を高めるだけでなく, **情報処理能力や説得力といった側面からも, 発信力を高めていくことができる**からです。

　本書のスピーキングセクションおよびライティングセクションでは, このような多面的なアプローチを軸に, それぞれのタスクにつき, 独自の3種類の練習問題に取り組むことで, **段階的な発信力の養成**を図ることができます。例えば, 統合型ライティングタスクの攻略の手順は次のようになっています。

---

1. ポイントを述べるための構文力を養成し, 文章表現力を身につける
　　↓
2. 情報分析をする
　　↓
3. まとめてエッセイにする

　特に **1. ポイントを述べるための構文力を養成し, 文章表現力を身につける**はとても重要です。ここでの実力養成は読解力アップ, リスニング力アップにも大きくつながることをお約束します。

　このことを, ライティングを例に取って説明しましょう。「ライティングの問題なのに, どうして『つなぎ言葉』の穴埋め問題があるの？」と思われる学習者がいらっしゃるかもしれませんね。「つなぎ言葉」は, エッセイ中で話の流れの移行を示す上でとても大切な要素です。つまり, 英語の文章を書くときには, つなぎ言葉の知

識が大変重要なのです。これほど重要であり，また貴重な得点源でもあるのに，つなぎ言葉をうまく使えない学習者が驚くほど多いので，まずは穴埋め問題から始めるのです。

「穴埋め問題って，文法や読解力を問う問題では？」と思われる方もいらっしゃるでしょう。たしかにその通りです。そして，ライティングの力を伸ばす上では，この文法力や読解力がとても大切なのです。ですから，スピーキングセクションおよびライティングセクションでは，**構文力を養成し，総復習する**という構成になっているのです。

また，練習問題の題材は，TOEFLのスピーキングセクションおよびライティングセクションで必須となる意見表明，大学生活や講義内容を扱っています。本書を用いて学習することで，TOEFLに役立つ実戦的な語彙やフレーズに自然になじめます。

発信型タスクの場合，答えは1つではありません。エッセイやスピーチには，さまざまな「別解」が考えられます。そのため，特に単独型では毎回答える内容を変えたりして，本書を繰り返し学習してください。そしてTOEFL iBTにより強くなるために，制限時間内でより完成度の高い解答を出すことを目標に，徐々にハードルを上げていきましょう！

* リーディング：【練習問題】平均375語，【実力テスト】平均460語
　　　　　　　（TOEFL® TEST 平均700語）
* リスニング：【練習問題（講義）】平均385語，【実力テスト】平均430語
　　　　　　　（TOEFL® TEST 500〜800語）

執筆分担
柴山かつの
　全体の監修
　【リーディング】ストラテジー，出題パターン分析，TOEFLによく出る類似語句を覚えよう！，解説（練習問題・実力テスト）
　【リスニング】ストラテジー，出題パターン分析，解説（練習問題・実力テスト）

Braven Smillie
　【リーディング】英文と設問（練習問題・実力テスト）
　【リスニング・スピーキング・ライティング】英文と設問(実力テスト)，英文と設問の校正(練習問題)

新田亜紀子
　TOEFL® TESTの概要
　【リスニング】スクリプト・設問・訳（練習問題），会話スクリプト訳・設問訳（実力テスト）
　【スピーキング】英文・問題・解説・訳（練習問題），解説・解答例訳（実力テスト）
　【ライティング】英文・問題・解説・訳（練習問題），解説・設問訳・解答例訳（実力テスト）
　留学生日記コラム・おまけコーナー

茶谷康子
　【リーディング】英文訳・設問訳（練習問題・実力テスト）
　【リスニング】長文スクリプト訳・設問訳（実力テスト）
　【スピーキング】英文訳・スクリプト訳（練習問題3〜6・実力テスト）

TOEFL® TESTの概要

Overview of TOEFL® TEST

1 TOEFLとはどんなテストか

　TOEFL（=Test of English as a Foreign Language）は，アメリカにある ETS（=Educational Testing Service）によって作成された，受験者の英語の知識および運用能力を測るためのテストです。その目的は，受験者が英語圏の大学というアカデミックな場でうまくやっていくための英語運用能力を持ち合わせているかどうかの確認です。TOEFL では，アカデミックな場にふさわしい内容と自然な英語が使用されています。教材や講義は総合大学で扱われる文学，美術，音楽，生命科学，自然科学，社会科学などの多岐にわたる分野から出題されます。また，会話には教授と学生，学生同士，学生と大学職員の対話といった大学生活における日常的な設定が取り入れられています。

　世界 130 か国にある 7000 以上の短期大学，大学，機関（北米，イギリス，オーストラリア，ニュージーランドの大学においてはほぼすべて）が TOEFL のスコアを採用しています。試験は 180 か国以上で実施されており，受験より 2 年間は出願校へ直接 ETS から TOEFL スコアを送付する手配が可能です。

2 全体構成（合計時間：4～5時間　120点満点）

1. **リーディング（合計時間：60～100分　配点：30点）**
　3～5のパッセージ（約 700 語）／それぞれに 12～14 の設問
　設問には，選択問題，パッセージに文を挿入して完結させる問題，情報を分類または要約する問題などがあり，通常は各 1 点。要約問題および分類問題は量によって配点が 2～4 点となり，部分点が認められます。点数は最終的に 30 点満点に換算されます。

2. **リスニング（合計時間：60～90分　配点：30点）**
　2～3 会話（約 3 分）／それぞれに 5 つの設問
　4～6 講義（3～5 分）／それぞれに 6 つの設問
　設問には選択問題や表を完成させる問題などがあり，通常は各 1 点。表の問題は量によって配点が 2～4 点となり，部分点が認められます。点数は最終的に 30 点満点に換算されます。
　なお，リスニング試験の後で，**10 分間の休憩**があります。

3. **スピーキング（合計時間：約 20 分　配点：30 点）**
   画面の設問に答える単独型タスク　　　　　　　（準備 15 秒・解答 45 秒）2 問
   読解（45 秒）と聴解（60～90 秒）で得た内容による総合型タスク
   　　　　　　　　　　　　　　　　　　　　　　（準備 30 秒・解答 60 秒）2 問
   聴解（1～2 分）で得た内容による総合型タスク
   　　　　　　　　　　　　　　　　　　　　　　（準備 20 秒・解答 60 秒）2 問
   各解答は 0～4 点のスケールで採点され，最終的に 30 点満点に換算されます。

4. **ライティング（合計時間：約 55 分　配点：30 点）**
   読解（3 分）と聴解（2 分）で得た内容による総合型タスク　　（20 分）1 問
   画面の設問に答える単独型タスク　　　　　　　　　　　　　（30 分）1 問
   各解答は 0～5 点のスケールで採点され，最終的に 30 点満点に換算されます。

※公式サイト（**www.ets.org/toefl**）にある"TOEFL Practice Online"（有料）を利用すると，1 回分の TOEFL テストを自宅のコンピュータで試しに受けることができます。スコアもちゃんとわかります。"Free iBT Sample Questions for Test Takers"（無料でダウンロード可）なら各セクションの問題のすべての形式が 1 つずつ試せるので，実際の試験のコンピュータ画面に慣れるのに非常に便利です。

3　申し込み方法と注意

　公式サイト（www.ets.org/toefl）より"Register for the Test"に入り，登録をすませ，希望する受験地や日時の選択，個人情報の入力とクレジットカードによる受験料の支払いをすることで，オンライン申し込みができます。願書を出す海外の教育機関にスコアを直接届けられるよう，手配することもできます。
　申し込みを完了すると，通常はすぐに Order Receipt Confirmation と Ticket Confirmation がメールで送信されてきます。そこには登録番号や注意事項，持参するものについてすべて英語で記載されています。試験当日に持参するものに関しては，登録番号の控えと ID（身分証明）が必要なので注意しましょう。
　ID はパスポートの場合は単独で認められますが，他の ID の場合，
- 運転免許証＋学生証（ただし政府の認可する学校のもの），または
- 顔写真付きの住民基本台帳＋学生証

のように組み合わせて用いるという決まりなので，受験日までに揃うよう手配し

ておきましょう。
　日本で受験する場合の受験料は，2010年4月時点で200米ドルです。

4　TOEFL iBT受験に際しての注意

1.　長時間にわたる

　テスト前の受付，事前説明，着席までの待ち時間などで30分以上かかってしまう上に，それから4～5時間に渡ってテストが実施されるので，その覚悟と体力があることが望まれます。途中の休憩はわずか10分なので，飲み物やすばやく食べられる軽食を用意しておくと後半のエネルギー補給になっていいかもしれません。

2.　メモを取って構わない

　TOEFL iBTでは，試験中にメモを取ることが認められています。メモ用紙やそのための鉛筆も試験会場で配布され，退室時に回収されます。準備勉強の時からメモを取る練習をしておくと，読解や聴解に集中しながらも適量のメモを取るコツをつかめるようになります。またメモ取りによって記憶力自体がテストされることが減り，よりフェアに英語運用能力が判定されます。また，実際に講義を受ける時と同じ条件なので，留学準備としても大変役立ちます。

3.　スピーキングテストがあるということは…

　TOEFL iBTのもう1つの特徴は，受験者によって始める時間がそれぞれ異なるので，試験会場内ではほぼ常に誰かがマイクチェックをしていたり，スピーキングテストを受けている他の受験者の声が耳に入ってきてしまうということです。たいていの試験は静寂な中でするというのが常識ですが，TOEFL iBTでは雑音や話し声のする中での受験となることに留意しておきましょう。ヘッドフォンである程度の雑音を抑えられるので，リーディング中やライティング中もヘッドフォンをつけたままにしておくという対処法もありますが，やはり集中力が問われます。

5 iBT操作方法について

　TOEFL iBT の特徴の1つは，試験のすべての解答をコンピュータの画面上で行うことです。解答方法は，ライティングでタイピングをする以外はほとんどがクリックやドラッグ・アンド・ドロップといったマウス操作だけなので，初歩的なコンピュータ操作の知識があれば十分です。

　試験会場では，入室するとすぐに顔写真の撮影をします。席に着いたら，コンピュータ画面に自分の名前，顔写真，登録番号などが表示されるので，確認してクリックします。試験の妨害やカンニングなどの不正行為をしないという同意などが求められるので「同意する」をクリックします。もし何かわからないことがあっても，スタッフが対応してくれます。

　次にヘッドフォンの音量調整についての説明があり，マイクの音量チェックとして，画面に出る簡単な英文をマイクに向かって話すよう求められます。画面に OK が出るまで繰り返し言う必要があります。

　試験が始まると，画面の一番上にはツールバーが表示され，左に現在のセクション名，合計何問中の何問目（例：Question 3 of 11）であるかの表示，右端に VOLUME（音量），HELP（ヘルプ），NEXT（次へ），HIDE TIME（時間表示を隠す）などのアイコンと残り時間が表示されます（どのアイコンかはセクションによって異なります）。解答した後は NEXT をクリックして次に進みます。HIDE TIME のクリックで残り時間の表示を隠すことができ，アイコンが SHOW TIME（時間を表示する）に変わります。再び残り時間の表示を希望する場合は，アイコンをクリックすれば表示が戻ります。以下に各セクションの操作説明をします。

1.　リーディングセクション

　画面右半分にパッセージ，左半分に設問が表示されます（次ページの画面例参照）。パッセージが最後まで表示されるようにスクロールダウンしてからでないと，第1問目には進めません。ツールバーに表示されるアイコンは，REVIEW（もう一度見る），HELP，BACK（戻る），NEXT，HIDE TIME の5つで，REVIEW をクリックすると今までの自分の解答の一覧が表示され，任意の設問に戻ることや解答の訂正ができます。BACK で1つ前の設問に戻ることができます。特定の難解な語彙や語句にはクリックすると画面左下に定義が表示される機能もあり，また設問によってはパッセージ全体を表示させる VIEW TEXT というアイコンが現れます。

　選択問題では，それぞれの選択肢の前にある ◯ をクリックします。長文の中に1文を挿入する問題では，長文中の適切な位置にある■をクリックします。作表

や分類は欄に埋め込む選択肢をドラッグ・アンド・ドロップで表の中の適切な位置に挿入します。

いずれの問題も，別の選択肢をクリックすることによって何度でも選び直せます。

Reading 画面例

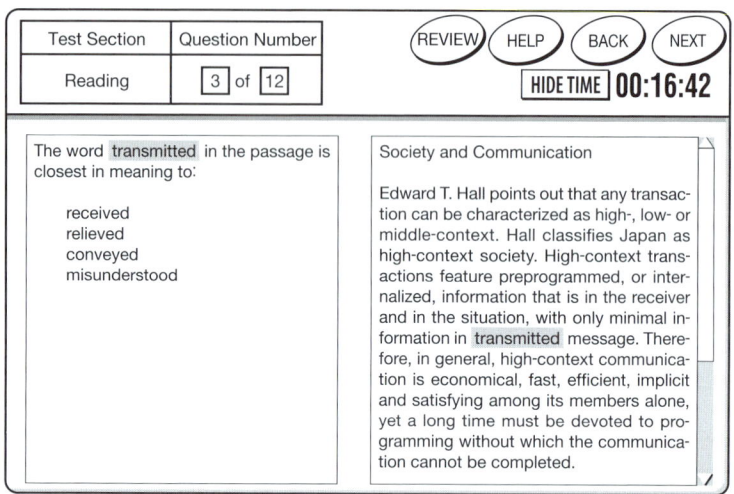

2. リスニングセクション

ヘッドセットを用いての聞き取りです。会話や講義の聞き取りの間，その場面の画像が画面に現れます（次ページの画面例参照）。

リーディングセクションと違い，前の設問に戻ることやページを戻って解答を訂正することはできません。そのため REVIEW と BACK のアイコンはなく，代わりに OK のアイコンが加わり，OK で解答を確定してから NEXT で次に進むという流れになるので注意しましょう。VOLUME アイコンをクリックすると音量調節ができ，リーディングと同様に HELP と HIDE TIME 機能もあります。

選択問題では，リーディングと同様に ◯ をクリックして選択しますが，2つを選択する問題では，代わりに □ を2つクリックすることになります。表にチェックマークを入れる問題では，所定の欄をクリックすることでチェックマーク ✓ を入れることができます。並べ替え問題ではドラッグ・アンド・ドロップで選択肢を動かします。

会話の画像例

講義の画像例

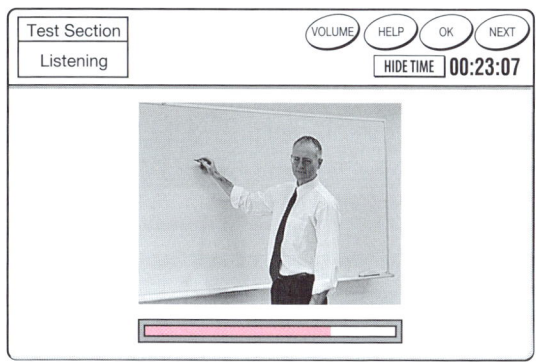

3. スピーキングセクション

　ヘッドセットで必要な聞き取りを行い，付属のマイクに向かって話します。発言はデジタル録音され，インターネットを通じて ETS のオンライン採点ネットワークに送信されます。

　ツールバーのアイコンは VOLUME と NEXT のみになり，準備と解答の残り時間は画面中央に表示されます（準備時間が 15 ～ 30 秒で解答時間が 45 ～ 60 秒と短いため，HIDE TIME のオプションはなくなります）。

　設問 1 ～ 2（単独型タスク）の短い設問は，解答中も画面に表示されています。設問 3 ～ 6（統合型タスク）では，リスニングセクションと同様に会話や講義の聞き取りの間は画像が現れ，解答中も設問は表示されたままです。

4. ライティングセクション

ヘッドセットは着けたままで，必要な聞き取りを行います。

設問 1 はパッセージ（教科書の抜粋）を読んでから講義を聞き取り，双方からの情報をまとめる統合型タスクです。聞き取りは設問 1 で終わるので，そこでヘッドセットは外してよいとの指示があります。講義のあと設問が画面の上方に現れ，再び画面左側にパッセージが現れるので，それを参照しながら画面右側の空白にタイピングして解答します。

設問 1 と 2 ともに解答の際，画面に指示文と，目標としたい単語数（設問 1 は 150 〜 225 語，設問 2 は 300 語以上）が表記されます。ライティング欄の上には，現在の単語数が表示されます（HIDE をクリックして隠すこともできます）。他に CUT（切り取り），PASTE（貼り付け），UNDO（やり直し）のワープロ機能もついています。

設問 2 では，画面左側に指示と問題が現れ，設問 1 と同様に右側の空白にエッセイを打ち込むようになっています。解答時間は設問 1 が 20 分，設問 2 が 30 分です。リーディングやリスニングセクションと同様に，HIDE TIME で残り時間を隠すこともできます。

最後に，申し込み時にスコアの発送を予定している教育機関に今回の結果を発送するかどうかの最終確認が行われ，試験終了となります。

6 スコアについて

　各セクション（リーディング・リスニング・スピーキング・ライティング）の配点はそれぞれ 30 点で，合計 120 点満点となります。受験後 15 営業日以降にオンラインで自分のスコアを確認することもでき，郵送での公式スコアレポートはそれから数日後にアメリカの ETS より届きます。

　スコア表はすべて英語で，氏名，各セクションのスコア，合計点，受験日，送付される教育機関（申し込み時に指定したもの）のインスティテューションコード（機関コード），受験者の顔写真（受験当日に会場で撮影したもの），国籍，生年月日，住所が記載されています。また各セクションの成績を High や Low，または Good や Weak といったレベルに分け（下図参考），そのレベルが具体的にどのようなものを指すのかが，Your Performance として説明されています。

セクション	スコア範囲	レベル
リーディング	0～14	Low（初級）
	15～21	Intermediate（中級）
	22～30	High（上級）
リスニング	0～13	Low（初級）
	14～21	Intermediate（中級）
	22～30	High（上級）
スピーキング	0～9	Weak（不十分）
	10～17	Limited（乏しい）
	18～25	Fair（可）
	26～30	Good（良）
ライティング	0	Score of Zero*
	1～16	Limited（乏しい）
	17～23	Fair（可）
	24～30	Good（良）

* パッセージをそのままコピーした場合など

　出願者に要求される TOEFL スコアは各教育機関によって異なるので，自分の志望校に問い合わせる必要があります。例えばコミュニティカレッジや短期大学では 50 点前後から，多くのアメリカの州立大学や TAFE（オーストラリアの専門学校）では 64～95，有名 4 年制大学院や大学では厳しく 100 点以上といったように，要求されるスコアは機関によって実にさまざまです。また，セクションごとに合格点を設定しているところもあります（例 Reading: 17, Listening: 21 など）。さら

にESLプログラム（英語集中訓練クラス）がある大学では，ESLに入るためのスコアと通常課程に入学できるスコアの2種を設定しているところもあります（例 ESL入学：52点，通常課程：80点など）。

　TOEFL公式サイトの"Test Scores"から，一部の教育機関が要求しているスコアを閲覧することができます。また，ほとんどの教育機関が，英語を母語としない学生に課するTOEFLスコアや，ETSから直接スコアを送る手配をする際に必要な機関コードをそれぞれのサイトに掲載しています（"Admission Requirements" "International Students" "Prospective Students" などのキーワードをヒントに調べることができます）。

　願書を提出する際には，各機関にTOEFLスコアの送付期日と併せて，最新のTOEFL合格点を確認しておく必要があります。現在でも一部の機関では旧式のPBT（ペーパーベーステスト）やCBT（コンピュータベーステスト）のスコアを記載していることがあるため，下記の比較表を参考にしてください。

TOEFLスコア　PBT-CBT-iBT比較表

PBT（ペーパーベース）	460	490	520	550	580	610	677（満点）
CBT（コンピュータベース）	140	163	190	213	237	253	300（満点）
iBT（インターネットベース）	48	57	68	80	92	101	120（満点）

TOEFLスコア　大学別例

　　ケンブリッジ大学(イギリス)　　　　　　合計点100以上（各セクション25点以上）
　　オックスフォード大学(イギリス)　　　　合計点100以上
　　コロンビア大学(アメリカ)　　　　　　　合計点100以上
　　マサチューセッツ工科大学(アメリカ)　　合計点90以上
　　モナッシュ大学(オーストラリア)　　　　合計点90以上
　　　　　　　　　　（R, L, S20以下不可, W22以上）
　　ブリティッシュ・コロンビア大学(カナダ)　合計点86以上
　　　　　　　　　　（R21, L21, S20, W20以上）
　　UCLA・UCバークレー(アメリカ)　　　　合計点83以上

参考：
　TOEFLスコア　日本での受験の平均（2009年度）
　リーディング：17　リスニング：16　スピーキング：16　ライティング：18
　　合計：67
　TOEFLスコア　世界平均（2009年度）
　リーディング：19.9　リスニング：19.4　スピーキング：19.7　ライティング：20.5
　　合計：79　　　　　　　　　　　　　　　　　　　　　　　（2010年4月時点）

Chapter 1

リーディング・セクションの攻略法

TOEFL リーディングを知ろう！

　大学入試や英検などとは異なり，TOEFL テストは「英語のみ」で実施されます。また，TOEFL はリーディングの分量も多いため，思考回路を英語に変えるようにコツコツ努力しなければならないのです。
　TOEFL テストは，英語圏の大学や大学院に入学する人を対象としたものです。**出題される英文の内容は実際に大学で使われるテキストから抜粋されていることが多いので**，このようなテキストを利用して TOEFL の勉強をしておけば，留学してから授業についていくことが容易になるでしょう。

TOEFL リーディングの出題形式と内容

　内容は，大学の教養課程で学習する一般教養科目です。一見専門的に見えるかもしれませんが，それほど深い専門知識が問われることはないので心配はいりません。しかし，内容に関する知識があれば正解を導き出す上で大きな助けとなるので，教養科目の基礎知識ぐらいは身につけておきたいところです。
　段落を指定して内容に答える問題が多く，**段落で使われている単語の意味に近いものを問う問題**も多く出題されます。つまり，問題文全部を読まずに，指定された段落だけを読むことで正解を選べる設問が多いのです。ですから，約 700 語という長さを怖がらず，自信をもってチャレンジしましょう！　　（2010 年 4 月時点）

TOEFL リーディングの練習問題に入る前に

 この本の読解問題のパッセージは，実際の試験の半分くらいの長さだよ。だから入門者にピッタリで，傾向がバッチリつかめるよ！
まず，読解問題では **11 の出題パターン**を見極めよう！
どんな設問があるか知っておけば，あらかじめ心の準備ができるものだよ。

 2-2 や 2-3 というのはどういう意味ですか？

 たとえば 2-2 というのは「2. 知らない単語を類推する攻略法」の「2番」の設問に，**この問題が出ている**という意味だよ。

 は先生，その他の顔マークは生徒です。

TOEFL リーディングの出題パターン分析

1. **類似語彙の問題**　　2-2　2-4　3-5　4-3　4-4　5-5　実力3
   本文中の単語と類似の意味を持つ単語を選択させる問題。
   設問例：The word "obvious" in the passage is closest in meaning to:
   （問題文中の "obvious" と最も近い意味をもつのはどれか）

2. **言葉の置き換えの問題**（代名詞・指示代名詞・副詞の問題）2-3　4-2　5-2　6-5
   設問例：The word "they" in the passage refers to:
   （問題文中の they という語が指しているのはどれか）
   The word "then" in paragraph 2 refers to:
   （第2段落の then という語が指しているのはどれか）

3. **文の意味を問う問題**　　3-2　実力6
   ハイライトされた文がどのような意味を持つかをしっかりつかみ，選択肢から正解を導き出す問題。
   設問例：Which of the sentences below best expresses the main idea of the highlighted sentence in the passage?
   （パッセージ中の，ハイライトされた文の主旨を最もよく示す文は次のどれか？）

4. **筆者の意図を問う問題**　　1-1　1-3　3-3　4-1　6-1　実力4
   筆者がある情報を述べている理由を問う問題。
   設問例：In paragraph 4, why does the author mention that data stored on CDs is easy to access?
   （第4段落で，筆者が CD に保存されたデータにアクセスするのはたやすいと述べているのはなぜか？）

5. **内容一致の問題**　　6-4
   問題文の内容にあてはまる選択肢を選ぶ設問。
   設問例：Which of the following statements is true according to paragraph 1?
   （第1段落の内容にあてはまるものは次のどれか？）

6. **内容不一致の問題**　　6-3　実力5
   問題文の内容にあてはまらない選択肢を選ぶ設問。
   設問例：According to paragraph 5, all of the following statements are true

about the tulip fad EXCEPT:
(第5段落で，チューリップの流行について真実でない内容は次のどれか)

7. **推測する問題**　　1-2　2-1　5-1　6-2　実力2

問題文から類推して正解を選ぶ問題。

設問例：Which of the following can be inferred from paragraph 1?
（第1段落から推測できるのはどれか？）

8. **要点を把握する問題**　　2-5　3-4　4-5　5-4

指定された段落の「要点」を正しくまとめた文を選択する問題。

設問例：Paragraph 3 supports which of the following statements about jet streams?
（ジェット気流について，第3段落が示す内容は次のどれか？）

9. **要旨の完成問題**　　2-6　4-6　5-6　6-6

導入文に続く文を選択肢から選んで，問題文の要旨を完成させる問題。

Directions: An introductory sentence for the passage is provided below. Complete the summary by selecting the TWO answer choices that express the most important ideas in the passage. Some sentences do not belong in the summary because they express ideas that are not presented in the passage or are minor ideas in the passage.

This passage explains the basic idea and importance of business models.（←導入文）

Answer choices (choose 2 to complete the chart).

指示文：このパッセージの導入文が以下に示されている。パッセージの要点を表す2つの選択肢を選んで文の要旨を完成させなさい。パッセージにない内容や関連性の薄いことを述べる文は選ばないこと。

このパッセージはビジネスモデルの基本理念やその重要性について説明している。（←導入文）

正しい選択肢を選びなさい（2つ選んで解答欄を埋めること）。

10. 要点を分類する問題　　1-5　3-6

質問に対する答えや，文の内容に合致するものを選ぶことで，要点を分類する問題。

> **Classification question**
>
> Each set of lettered choices below refers to the numbered questions or statements immediately following it. Select the one lettered choice that best answers each question or best fits each statement and then fill in the corresponding oval on the answer sheet. A choice may be used once, more than once, or not at all in each set.
>
> **分類問題**
>
> 以下のアルファベット文字の選択肢には，次に続く番号付きの問いや内容と関連するものがある。問いに対する答えとして正しいもの，あるいは内容が一致するものを文字選択肢から選んで解答用紙の該当する楕円を埋めなさい。選択肢は1回もしくは複数回選べるが，該当するものがない場合もある。

11. 文を挿入する問題　　1-4　3-1　5-3　実力1

与えられた文を，適切な箇所に挿入する問題。

> Look at the four squares [■] that indicate where the following sentence can be added to the passage.
>
> 　　Unfortunately, their hard work was not enough.
>
> Where would the sentence best fit?
>
> 次の文をパッセージに挿入できる箇所を示す4つの [■] を見なさい。
>
> 　　残念ながら，彼らの懸命の努力も十分ではなかった。
>
> この文はどこに挿入するのが適切か？

 TOEFLのリーディングには，以上の11種類の設問パターンがあるんだ。
次に **TOEFL リーディングのストラテジー** に入ろう！

TOEFL リーディングのストラテジー 13 か条

共通ストラテジー
❶正解は言い換えられていることが多い！

要点を把握する問題，問題文の要旨の完成問題，推測する問題
❷段落の最初の文か最後の文に正解があることが多い！
❸段落の最初と最後の文に正解があることが多い！
❹逆接を示す But や However に続く文に正解があることが多い！

言葉の置き換え（代名詞と指示代名詞）
❺代名詞が指しているものは，必ずその代名詞の前にある！
❻ it/its/this/that は「単数の物・人」を指す！
❼ they/their/them/theirs/we/our/us/ours は「複数の物・人」を指す！
❽単数・複数の両方を指すことができる代名詞はyou/your/you/yoursである。
❾ it は「単数の物」や「文の内容」を指している！
❿ it は「the ＋名詞」，一度出てきた単語，または前にある文を指す！

類似語彙の問題
⓫単語の意味を知らなくても，前後関係などから類推できる！

文を挿入する問題
⓬文を挿入する箇所は，代名詞や指示代名詞・副詞・定冠詞をヒントに判断できる場合が多い！
⓭文法的なヒントがない場合は，前後の文脈から正解を導き出す！
例　unfortunately（残念ながら）の前にはプラスイメージの文が来ることが多い！
　　but/however/on the other hand の次には逆接の意味をもつ文が来る！

★その他知っておくと役立つ知識

● then は「時」を示す場合（「そのとき」）と，「順序」を示す場合（「それから」）とがある！
●説明が複数ある場合は One is ～. Another is ～. の構文をとることが多い。
●結論を導き出す表現：
eventually, ～「結果的には～となる」, lead to ～「（結局）～に結びつく」, result in ～「～という結果になる」, conclude ～「～という結果になる」, in conclusion ～「結論としては～である」, in the end ～「結局は～となる」など

＝先生，＝生徒

内容一致の問題，内容不一致の問題，文の意味を問う問題，筆者の意図を問う問題の個別ストラテジーがないですね。

それらのタイプの設問のストラテジーは，共通ストラテジーの「正解は言い換えられていることが多い！」だよね。あえて言えば内容一致・不一致問題は「消去法で解ける」ことだね。

なるほど。ところで，要点を把握する問題，要旨の完成問題，推測する問題では，段落の最初と最後に正解があることが多いのはなぜですか？

ライティングの基本だからだよ。英語では，段落の最初と最後に「最も言いたいこと」が書かれているんだ。だから，基本的には**最初の文と最後の文をつなぎ合わせれば要点がわかる**ことが多いんだ。推測する問題も，「要点」を問う設問が多いということ。でも，例外もあるからね。There is no rule without an exception.（例外のないルールはない）だね。

なるほど。わかりました！　では，なぜ，「逆接を示す But や However の文に続く文に正解があることが多い！」のですか？

それは**逆接を示す But や However の文に続く文には，筆者が強調したい内容が来ることが多い**からだよ。直前に言ったことをすぐさま打ち消して，逆接の内容を述べることで，読者に強い印象を与えているんだ。

それは知りませんでした。なるほどなぁ。次に，**挿入文について教えてください**。これ，苦手なんです。

「挿入文の文頭に but, however, on the other hand が入っていれば，前に入る部分は挿入文とは反対の意味をもつ文が来ることが多い！」のが大原則。わかるよね？

はい，これならわかります。

挿入文が入る位置は，定冠詞からも判断できるよ。例えば，挿入部分に the investor（その投資家）という単語が入っていたならば，挿入文の前には，investor（an investor）が登場しなければならないんだよ。また，指示代名詞の these の例では，例えば **these five kinds** となっていたら，その前には5種類の物が登場しなければならないんだ。

だんだんわかってきました。もっと教えてください。

他にも，例えば this new tendency「この新しい傾向」というフレーズを含む挿入文の場合，挿入される箇所よりも前のところに，this new tendency「この傾向」を説明する内容が来なければならないんだよ。

な〜るほど！

それでは次に、人称代名詞の例をあげてみよう。挿入文に **her method** とあったら、前文で「その女性の名前」と「その方法（method）の具体的内容」が出てこなければならない。

 よくわかります。なんだか、説明を聞いているとすご〜くわかってきて楽しくなってきました。

 それでは確認ミニテストをしておこうか。挿入文に **under a different circumstance** があれば、その前には何が来る？

 ええと、「それとは違う状況」ではということだから、なんらかの circumstance に関する具体的な説明が来ます。

 よく理解できたね！　それでは、挿入文に **similarly** があったら、その前の文には何が来る？

 similarly 以下に続く内容と同じようなものが、その前に来るはずです。

 じゃあ挿入文の文頭が **In order to do so, ...** になっていたら、前の文には何が来る？

 do so にあたる部分、つまり「何をするためか」が前の文に来なければなりません。

 例えば、挿入文の文頭が it だったら、前の文には it が指しているものがなければならないが、**it が指すのは単語だけの場合も、文全体のこともある**んだよ。

 内容一致の問題と、内容不一致の問題がとても難しく感じるのですが。正解を導き出すコツのようなものはあるのでしょうか？

 まず、設問中の **NOT や EXCEPT を見逃さない**ことが大切だね。

 そうですね。NOT を見逃すと内容不一致の問題ではなく、内容一致の正解文を探してしまい、まったく逆の意味の選択肢を正解に選んでしまいそうですね。

 だから、問題を解くときには慎重になろう！
それと、問題文中の単語や表現は、そのまま誤答の選択肢の文に使われていることが多いんだよね。だからこそ、「正解は言い換えられていることが多い！」というテクニックが、正解を導き出す上で大きな助けとなるんだよ！　これは、どの問題にもあてはまるからとても大切だよ。

 なるほど。どうもありがとうございます。ところで、TOEFL に出る類似語句の問題は難しいですか？

 これは得点源になるよ！　よく出る類似語句25組をまとめておいたので、しっかり覚えよう！

TOEFLによく出る類似語句を覚えよう！

1.	allow	permit	許可する
2.	aviation	transport by plane	航空輸送
3.	bear	tolerate	我慢する
4.	well-known	no longer mysterious	よく知られている
5.	change	switch	変える
6.	common	ordinary	普通の
7.	continuous	constant	絶え間ない
8.	decline	fall	落ちる
9.	entire	whole	全体の
10.	essential	necessary	必要な
11.	enlarge	expand	大きくなる
12.	environment	surrounding	環境
13.	form	shape	形
14.	greatly	immeasurably	大いに
15.	hinder	prevent	妨げる
16.	idea	concept	考え
17.	inclination	tendency	傾向
18.	obvious	clearly implied	明瞭な
19.	obsolete	no longer used	廃れた
20.	promise	obligation	約束
21.	raise	nurture	育てる
22.	rate	judge	判断する
23.	inaccessible	difficult to reach	手に入りにくい
24.	scarce	limited	乏しい
25.	subtle	slight	わずかな

1 やってみよう! 時の経過に沿った文を読むための攻略法

 今回は「時の流れに沿った文を読む攻略法」の講座ですが,アメリカ史が題材だからですか? どんな攻略法があるのですか?

 「時の経緯」を示す before, after, then, when, since などの前置詞や接続詞から時間の経緯を判断するのも攻略法の1つだね。今回は直接問題とは関係ないけれど。

 なるほど! **時の経緯を示すマーカー**があるんですね!

 TOEFL ではアメリカ史がよく出題されるのでアメリカ史に強くなろう。そうすれば,その知識を活かして問題がスラスラと解けるようになるよ! ここでは年代の数字に注意して読むことが大切だったよね!

The Other Titanic

Until the sinking of the RMS Titanic in 1911, the most famous shipwreck was that of the S.S. Central America. In 1857, the year it sank, the Central America was a very successful steamship. It delivered to the U.S. east coast nearly one-third of all the gold produced in the California Gold Rush, which began in 1848. That was when gold was discovered in California, and hundreds of thousands of people rushed to the "Golden State" with dreams of getting rich. After 43 successful trips between New York and Panama, the ship left Panama on September 3, carrying 578 people and about 30,000 pounds of gold.

A few days later, a powerful storm began. Huge waves pounded the ship for several days, and water began to leak in from below. The passengers and crew tried very hard to keep the ship from sinking. They formed a line and passed buckets of water from inside the ship up over the side. Passengers and crew worked together until they were very tired as the ship rested lower and lower in the water.

Before the S.S. Central America sank on September 12, passing ships were able to save 153 people. But the captain refused to be rescued while others were still on his ship. Following tradition, he chose to go down with his ship, about 200 miles off the U.S. southeast coast. But the story did not end there. The wreck caused serious problems in addition to the deaths.

It happened at a time when the U.S. economy was near crisis. During the summer of 1857, international grain prices fell very low. This was a serious problem in the farm-based U.S. economy of the time. An economic bubble collapsed, making thousands of investors suddenly poor. And major banks also collapsed because they didn't have enough gold.

The loss of the S.S. Central America happened just as the economic crisis was at its height. The large amount of gold on the ship was being sent to some of the most important U.S. banks. So its sudden loss, and the drama of the shipwreck, added to the general economic fear. The economic crisis later spread to Europe, South America and Asia. And its effects remained serious until the American Civil War, which began in the winter of 1860-61.

Q1: In paragraph 1, why does the author mention that the S.S. Central America carried gold?
 (A) To help show that it was a very important ship.
 (B) To explain why scuba divers want to find it.
 (C) To prove that it was more famous than the Titanic.
 (D) To show that the ship sank before reaching New York.

Q2: Which of the following can be inferred from paragraph 2 about the ship's passengers?
 (A) They knew very little about the machinery of a steamship.

(B) They had taken out insurance against the loss of their gold.

(C) They made every effort that they could to save the ship.

(D) They expressed anger at the behavior of the ship's crew.

Q3: According to the passage, why didn't the story end when the ship went down?

(A) Because the loss of the gold contributed to an economic crisis.

(B) Because the survivors and their families were given compensation.

(C) Because the Gold Rush continued for another decade.

(D) Because some of the gold remained at the port in Panama.

Q4: Look at the four squares [■] that indicate where the following sentence can be added to the passage.

Unfortunately, their hard work was not enough.

Where would the sentence best fit?

Until the sinking of the RMS Titanic in 1911, the most famous shipwreck was that of the S.S. Central America. In 1857, the year it sank, the Central America was a very successful steamship. It delivered to the U.S. east coast nearly one-third of all the gold produced in the California Gold Rush, which began in 1848. That was when gold was discovered in California, and hundreds of thousands of people rushed to the "Golden State" with dreams of getting rich. After 43 successful trips between New York and Panama, the ship left Panama on September 3, carrying 578 people and about 30,000 pounds of gold.

A few days later, a powerful storm began. Huge waves pounded the ship for several days, and water began to leak in from below. ■ The passengers and crew tried very hard to keep the ship from sinking. They formed a line and passed buckets of water from inside the ship up over the side. Passengers and crew worked together until they were very tired as the ship rested lower and lower in the water.

■ Before the S.S. Central America sank on September 12, passing ships were able to save 153 people. ■ But the captain refused to be rescued while others were still on his ship. Following tradition, he chose to go down with his ship, about 200 miles off the U.S. southeast coast. ■ But the story did not end there. The wreck caused serious problems in addition to the deaths.

It happened at a time when the U.S. economy was near crisis. During the summer of 1857, international grain prices fell very low. This was a serious problem in the farm-based U.S. economy of the time. An economic bubble collapsed, making thousands of investors suddenly poor. And major banks also collapsed because they didn't have enough gold.

The loss of the S.S. Central America happened just as the economic crisis was at its height. The large amount of gold on the ship was being sent to some of the most important U.S. banks. So its sudden loss, and the drama of the shipwreck, added to the general economic fear. The economic crisis later spread to Europe, South America and Asia. And its effects remained serious until the American Civil War, which began in the winter of 1860-61.

Q5: Classification question

Each set of lettered choices below refers to the numbered questions or statements immediately following it. Select the one lettered choice that best answers each question or best fits each statement and then fill in the corresponding oval on the answer sheet. A choice may be used once, more than once, or not at all in each set.

    A: The California Gold Rush

    B: International grain prices rose to record highs.

    C: A U.S. financial crisis worsened and spread internationally.

    D: The U.S. Civil War ended in victory for the North.

    E: The RMS Titanic sank.

1. The main source of valuable cargo for the S.S. Central America.
2. An event many decades after the sinking of the S.S. Central America.
3. What event(s) did the sinking of the S.S. Central America contribute to?

1. 時の経過に沿った話を読むための攻略法

もう1つのタイタニック

　1911年に，英国郵船タイタニック号が沈没するまで，海難事故として最もよく知られていたのは蒸気船セントラル・アメリカ号の難破である。1857年，この年に船は沈んだが，当時のセントラル・アメリカ号の活躍はめざましかった。船は，1848年に始まったカリフォルニアのゴールドラッシュで掘り出された金のほぼ3分の1をアメリカの東海岸へ運んだ。カリフォルニアで金が発見されると，何十万もの人々が一攫千金を夢見て「金鉱の州」へ押しかけた。船はニューヨーク＝パナマ間を43回航行した後，9月3日に578名の乗客とおよそ3万ポンドの金を乗せてパナマを出港した。

　出港から数日後，激しい嵐が始まった。巨大な波が幾日も船を襲い，やがて船底から浸水が始まった。乗客と乗組員は船を沈めまいと必死だった。彼らは一列になって水の入ったバケツを手渡しで船の中から外へと運んだ。乗客と乗組員は共に疲れ果てるまで力を合わせ頑張ったが，そうするうちにも船は徐々に沈んでいった。

　9月12日，セントラル・アメリカ号が沈没する前に，通りかかった複数の船が153名を救助している。自分の船にまだ乗客が乗っていることから，船長は自らが救助されることを拒んだ。しきたりに従い，彼は船と共に沈むことを選んだのだ。アメリカ南東部沿岸沖およそ200マイルの地点であった。しかし話はここで終わらなかった。死者を出したことに加え，この事件（難破）は重大な問題を引き起こすのである。

　事故はアメリカ経済が極めて深刻な事態に直面している時に起こった。1857年の夏，穀物の国際価格は大きく下落した。これは農業に依存していた当時のアメリカ経済にとって由々しき問題であった。バブルが崩壊し，何千もの投資家があっという間に破産した。さらに大手銀行さえも十分な金を保有していなかったため，つぶれてしまった。

　セントラル・アメリカ号の遭難はまさに経済危機のさなかに起きた。船に積まれた大量の金はアメリカの主要銀行に運ばれる途中であった。そのため突如金が失われてしまったことは，沈没事故のドラマとあいまって社会全体に経済に対する恐怖心をあおることになった。経済危機はのちにヨーロッパ，南アメリカ，そしてアジアへと広がっていった。その影響は長く深刻で，1860年から1861年にかけての冬に南北戦争が始まるまで続いたのである。

Q1: 第1段落で,セントラル・アメリカ号は金を運んだと筆者が述べているのはなぜか?
(A) それが非常に重要な船であったことをわかりやすく示すため。
(B) スキューバダイバーがなぜその船を発見したがっているかを説明するため。
(C) それがタイタニック号より有名であったことを示すため。
(D) 船がニューヨークに着く前に沈んだことを示すため。

Q2: 船の乗客について第2段落から類推できることは次のどれか?
(A) 彼らは蒸気船の機械についてはほとんど知らなかった。
(B) 彼らは金の損失に対して保険をかけていた。
(C) 彼らは船を救うためにできる限りのことをした。
(D) 彼らは船の乗組員の行動に怒った。

Q3: パッセージによると,船が沈んだときに,なぜ船の沈没だけで話は終わらなかったのか?
(A) 金が失われたことが経済危機の一因となったから。
(B) 生存者とその家族は補償金を与えられたから。
(C) ゴールドラッシュがさらに10年続いたから。
(D) 金の一部がパナマ港に残っていたから。

Q4: 次の文をパッセージに挿入できる箇所を示す4つの[■]を見なさい。

残念ながら,彼らの懸命の努力も十分ではなかった。

この文はどこに挿入するのが適切か?

1911年に,英国郵船タイタニック号が沈没するまで,海難事故として最もよく知られていたのは蒸気船セントラル・アメリカ号の難破である。1857年,この年に船は沈んだが,当時のセントラル・アメリカ号の活躍はめざましかった。船は,1848年に始まったカリフォルニアのゴールドラッシュで掘り出された金のほぼ3分の1をアメリカ東海岸へ運んだ。カリフォルニアで金が発見されると,何十万もの人々が一攫千金を夢見て「金鉱の州」へ押しかけた。船はニューヨークとパナマ間を43回航行した後,9月3日に578名の乗客とおよそ3万ポンドの金を乗せてパナマを出港した。

出港から数日後，激しい嵐が始まった。巨大な波が幾日も船を襲い，やがて船底から浸水が始まった。■乗客と乗組員は船を沈めまいと必死だった。彼らは一列になって水の入ったバケツを手渡しで船の中から外へと運んだ。乗客と乗組員は共に疲れ果てるまで力を合わせ頑張ったが，そうするうちにも船は徐々に沈んでいった。

　*■9月12日，セントラル・アメリカ号が沈没する前に，通りかかった複数の船が153名を救助している。■自分の船にまだ乗客が乗っていることから，船長は自らが救助されることを拒んだ。しきたりに従い，彼は船と共に沈むことを選んだのだ。アメリカ南東部沿岸沖およそ200マイルの地点であった。■しかし話はここで終わらなかった。死者を出したことに加え，この事件（難破）は重大な問題を引き起こすのである。

　事故はアメリカ経済が極めて深刻な事態に直面している時に起こった。1857年の夏，穀物の国際価格が大きく下落した。これは当時農業に依存していたアメリカ経済にとって由々しき問題であった。バブルが崩壊し，何千もの投資家があっという間に破産した。さらに大手銀行さえも十分な金を保有していなかったためつぶれてしまった。

　セントラル・アメリカ号の遭難はまさに経済危機のさなかに起こったのである。船に積まれた大量の金はアメリカの主要銀行に運ばれる途中であった。そのため突如金が失われてしまったことは，沈没事故のドラマとあいまって社会全体に経済に対する恐怖心をあおることになった。経済危機はのちにヨーロッパ，南アメリカ，そしてアジアへと広がっていった。その影響は長く深刻で，1860年から1861年にかけての冬に南北戦争が始まるまで続いたのである。

Q5： 分類問題

　以下のアルファベット文字の選択肢には，次に続く番号付きの問いや内容と関連するものがある。問いに対する答えとして最も適切なもの，あるいは内容が一致するものを文字選択肢から選んで解答用紙の該当する楕円を埋めなさい。選択肢は複数回選べるが，該当するものがない場合もある。

　A：カリフォルニアのゴールドラッシュ
　B：穀物の国際価格がかつてない高値になった。
　C：アメリカの金融危機が悪化して世界に広がった。
　D：南北戦争は北軍の勝利に終わった。
　E：タイタニック号が沈んだ。

　1. セントラル・アメリカ号の重要な積み荷の主なる出所　　(**A**)
　2. セントラル・アメリカ号の沈没から何十年も経ってからの出来事　　(**E**)
　3. セントラル・アメリカ号の沈没が影響を及ぼしたのは何か？　　(**C**)

1. 時の経過に沿った文を読むための攻略法

【解答】
1.（A） 2.（C） 3.（A） 4. 2つ目の■の前 5.（A）（E）（C）

【解法】

Q1：〈 筆者の意図を問う問題　正解は言い換えられていることが多い！ very successful → very important〉

★第1段落で，セントラル・アメリカ号は金を運んだと筆者が述べている意図は何かと問われている。

　第2文で In 1857, the year it sank, the Central America was a very successful steamship.（1857年，この年に船は沈んだが，当時セントラル・アメリカ号の活躍はめざましかった）と書かれている。
　正解文では very successful → very important に言い換えられている。
　つまり「それが非常に重要な船であったことを示すため」なので，正解は（A）**To help show that it was a very important ship.** である。

Q2：〈 推測する問題　正解は言い換えられていることが多い！ keep A from ~ing 「Aを～させない」→ save A（Aを救う）〉

★船の乗客について第2段落から推測できることは何かと問われている。

　第3文で The passengers and crew tried very hard to keep the ship from sinking.（乗客と乗組員は船を沈没させないようにと必死だった）を読み取ろう。
　正解文では，tried very hard（必死だった）→ made every effort（ありとあらゆる努力をした），keep the ship from sinking（船を沈没させない）→ save the ship（船を救う）に言い換えられている。つまり，「彼らは船を救うためにできる限りのことをした」ので正解は（C）**They made every effort that they could to save the ship.** である。

Q3：〈 筆者の意図を問う問題　正解は言い換えられていることが多い！ add to ～「～をあおる」→ contribute「一因となる」〉
★問題文（筆者）によれば，船が沈んだ後，話がそれだけでは終わらなかった理由は何かと問われている。

第 5 段落の第 3 文に So its sudden loss, and the drama of the shipwreck, added to the general economic fear.（沈没事故のドラマとあいまって社会全体に経済に対する恐怖心をあおることになった）と書かれている。

正解文では，add to ～「～をあおる」→ contribute「一因となる」と書き換えられている。つまり，「金が失われたことが経済危機の一因となったから」なので（**A**）**Because the loss of the gold contributed to an economic crisis.** が正解。

Q4：〈 文を挿入する問題　挿入文は「副詞」をヒントに正解が導き出せることが多い！＋ unfortunately（残念ながら）の前にはプラスイメージの文が来ることが多い！〉
★ Unfortunately, their hard work was not enough.（残念ながら，彼らの懸命の努力も十分では［実ら］なかった）をどこに挿入すれば（付け加えれば）よいかが問われている。

つまり，彼らの懸命の努力が実らなかったのであるから，プラスイメージのことが述べられている下記の文の後ろに挿入文が入るのがふさわしい。
Passengers and crew worked together until they were very tired as the ship rested lower and lower in the water.（乗客と乗組員は少しずつ船が沈んでいく中，共に疲れ果てるまで力を合わせ頑張った）

Q5：〈 要点を分類する問題　main source は「主なる出所」を意味する！〉
　　これが時の流れに沿った問題だよ
★セントラル・アメリカ号の重要な積み荷の主なる出所（main source）に分類できる項目。

第1段落の第3文で It delivered to the U.S. east coast nearly one-third of all the gold produced in the California Gold Rush, which began in 1848.（船は，1848 年に始まったカリフォルニアのゴールドラッシュで掘り出された金のほぼ 3 分の 1 をアメリカの東海岸へ運んだ）と述べられている。

つまりセントラル・アメリカ号の重要な積み荷の主なる出所は「カリフォルニアのゴールドラッシュ」なので，正解は **A：The California Gold Rush** である。

〈 要点を分類する問題　年代に注意して正解を導き出そう！＋ many decades after（何十年も後）に注意して読もう！〉　これが時の流れに沿った問題だよ

★セントラル・アメリカ号の沈没から何十年も経ってからの出来事に分類できる項目。

　セントラル・アメリカ号は 1857 年に沈没し，1911 年にタイタニック号が沈没した。
　タイタニックの沈没はセントラル・アメリカ号の沈没の数十年後のことなので，正解は **E：The RMS Titanic sank.** である。

〈 要点を分類する問題　正解は言い換えられていることが多い！〉
★セントラル・アメリカ号の沈没が影響を及ぼしたことに分類できる項目。

　最後から 2 文目に The economic crisis later spread to Europe, South America and Asia.（経済危機は後にヨーロッパ，南アメリカ，そしてアジアへと広がっていった）と書かれている。
　正解文では，economic crisis → financial crisis, Europe, South America and Asia → internationally と言い換えられている。
　正解は「アメリカの金融危機が悪化して世界に広がった」ことが書かれている **C：A U.S. financial crisis worsened and spread internationally.** である。

答え合わせしたら，頭で整理してみよう！

1848 年　Gold Rush の始まり
→ **1857 年夏**　穀物相場の急落→経済危機へと発展
→ **1857 年 9 月**　カリフォルニアの Gold Rush で掘り出された金の 3 分の 1 をアメリカ東海岸に運んでいた Central America 号の沈没
→ Europe，South America，Asia に経済危機が広がる
→ **1861 年〜 1865 年**　the American Civil War（南北戦争）

重要語句をチェックしよう

- ☐ sinking 沈没　☐ RMS 英国郵船（Royal Mail Steamship）
- ☐ shipwreck 海難事故　☐ steamship 蒸気船　☐ deliver 運ぶ　☐ nearly 約
- ☐ be discovered 発見される　☐ rushed to ～ ～へ押しかける
- ☐ huge waves 巨大な波　☐ leak もらす　☐ crew 乗組員
- ☐ keep A from ～ ing A が～するのを妨げる　☐ form a line 列になる
- ☐ pass 手渡す　☐ sink 沈む　☐ save 救助する　☐ refuse to ～ ～を拒否する
- ☐ be rescued 救助される　☐ go down 沈む　☐ wreck 難破船
- ☐ cause 引き起こす　☐ serious 重大な　☐ in addition to ～ ～に加えて
- ☐ crisis 危機　☐ international grain price 国際穀物価格
- ☐ farm-based U.S. economy 農業に依存していたアメリカ経済
- ☐ economic bubble 経済バブル　☐ collapse 崩壊する　☐ investor 投資家
- ☐ economic crisis 経済危機　☐ economic fear 経済に対する不安
- ☐ spread to ～ ～へ広がる　☐ effects 結果　☐ remain 残る
- ☐ the American Civil War 南北戦争

2 やってみよう！ 知らない単語を推測する攻略法

- 理系の頭を持ってないから，「ジェット気流」って聞くと，なんだか難しそう…。
- 少しだけヒントをあげるよ。ちょうど飛行機が飛んでいるあたりの高さに吹いている，強い「西風」がジェット気流。ちなみに，飛行機で西から東に向かう場合と東から西に向かう場合では，どちらが早く目的地に着くかわかる？
- ジェット気流は西風だから…，東に向かう場合ですね？
- その通り！　それさえ知っていればこの問題は怖くないよ！　苦手意識を持たずに問題を解こうね。がんばろ〜。
- ところで，知らない単語があった場合は，どうしたらいいですか？
- 知らない単語があっても，**前後の文を見れば，たいていの場合その意味を推測できる**よ！

Jet Streams

In the early years of aviation over the Pacific Ocean, pilots noticed that the performance of their aircraft seemed to vary, depending on their direction. Airplanes going west often arrived later and used more fuel than expected. And the reverse was true for airplanes going east. The explanation was obvious. There must be a steady wind moving eastward in the upper atmosphere. This was the first encounter with a kind of wind that is now known as a jet stream.

A jet stream is sometimes created when a mass of warm air meets a mass of cold air. When the contrast in temperature is greater, the jet stream will have greater force and speed. And the temperature differences are greater in winter, so the jet stream is stronger then. It typically flows at around 55 kilometers per hour in summer, and 120 kilometers per hour in winter. But speeds of up to 320 kilometers per hour have been recorded. A jet stream is usually located 10 to

15 kilometers above the ground or ocean. It is usually a few hundred kilometers wide from south to north. It can be several thousands of kilometers long. One jet stream forms a shape like a discontinuous wavy belt that encircles the earth, passing eastward over China, Japan, the Pacific, North America and Europe. Although it is very broad and long, it is typically only a few kilometers thick from top to bottom.

The jet stream is now a very well-known phenomenon. Weather forecasters use a wide range of technologies including satellites to observe and predict the behavior of jet streams. Pilots consider them when making their flight plans. Those traveling east seek them out because they help an airplane save fuel and arrive earlier. Those traveling west try to avoid jet streams for the reverse reason.

The jet stream that passes over the Pacific was the first to be discovered, and it is the most widely known among the general public. But a total of four major jet streams have been found over different areas of the earth.

Q1: Which of the following can be inferred from paragraph 1 about jet streams?
 (A) They were unknown before airplanes were invented.
 (B) They can cause storms in the Pacific Ocean.
 (C) They encircle the earth in a wavelike pattern.
 (D) They had been predicted before they were discovered.

Q2: The word "obvious" in the passage is closest in meaning to:

In the early years of aviation over the Pacific Ocean, pilots noticed that the performance of their aircraft seemed to vary, depending on the direction. Airplanes going west often arrived later and used more fuel than expected. And the reverse was true for airplanes going east. The explanation was obvious. There must be a steady wind moving westward in the upper atmosphere. This was the first encounter with a kind of wind that is now known as a jet stream.

(A) unexpected
(B) easy to see
(C) controversial
(D) not precisely known

Q3: The word "then" in paragraph 2 refers to:

A jet stream is sometimes created when a mass of warm air meets a mass of cold air. When the contrast in temperature is greater, the jet stream will have greater force and speed. And the temperature differences are greater in winter, so the jet stream is stronger then. It typically flows at around 55 kilometers per hour in summer, and 120 kilometers per hour in winter. But speeds of up to 320 kilometers per hour have been recorded. A jet stream is usually located 10 to 15 kilometers above the ground or ocean. It is usually a few hundred kilometers wide from south to north. It can be several thousands of kilometers long. One jet stream forms a shape like a discontinuous wavy belt that encircles the earth, passing eastward over China, Japan, the Pacific, North America and Europe. Although it is very broad and long, it is typically only a few kilometers thick from top to bottom.

(A) The early days of air transport
(B) When conditions are normal
(C) During the winter months
(D) When masses of cold and hot air meet

Q4: The word "aviation" in the passage is closest in meaning to:

In the early years of aviation over the Pacific Ocean, pilots noticed that the performance of their aircraft seemed to vary, depending on the direction. Airplanes going west often arrived later and used more fuel than expected. And the reverse was true for airplanes going east. The explanation was obvious. There must be a steady wind moving westward in the upper atmosphere. This was the first encounter with a kind of wind that is now known as a jet stream.

(A) Purification of seawater
(B) Observation of birds
(C) Naval warfare
(D) Transportation by airplane

Q5: **Paragraph 3 supports which of the following statements about jet streams?**

(A) They can be detected with radar.
(B) They have caused airplanes to crash.
(C) They pass over North America.
(D) They are no longer mysterious.

Q6:

Directions: An introductory sentence for the passage is provided below. Complete the summary by selecting the TWO answer choices that express the most important ideas in the passage. Some sentences do not belong in the summary because they express ideas that are not presented in the passage or are minor ideas in the passage.

This passage explains winds called jet streams.

Answer choices (choose 2 to complete the chart).

(1) Jet streams can be used as a useful source of clean energy.

(2) These winds are formed when large masses of cold and warm air come together.

(3) Pilots receive safety warnings when jet streams create dangerous conditions.

(4) A total of four major jet streams have been discovered around the earth.

全訳
2. 知らない単語を推測する攻略法

ジェット気流

　飛行機が太平洋上を飛び始めて間もないころ，パイロットたちは操縦する航空機の飛行効率が，目指す方向により異なることに気がついた。西方向に飛ぶ飛行機は多くの場合遅れて到着し，予測より多くの燃料を消費した。そして東方向を目指す飛行機には逆のことがあてはまった。理由は明白である。大気の上層で，常に東方へ風が吹いているのに違いないのだ。これが現在ジェット気流として知られている風との最初の出合いだった。

　ジェット気流は暖気の塊が寒気の塊とぶつかったときに発生することがある。このとき温度差が大きいほど，より大きな力とスピードのある気流となる。冬の温度差は大きいため，この時期ジェット気流も勢いが強い。一般に夏はおよそ時速55キロで吹いているが，冬は時速およそ120キロだ。これまでに最大で時速320キロが記録されている。普通，ジェット気流は地上あるいは海上10キロから15キロにある。通常，南北に数百キロの幅がある。長さは数千キロに及ぶこともある。1つのジェット気流は不連続の波状の帯のような形をして地球を取り巻き，中国，日本，太平洋，北アメリカそしてヨーロッパの上空を東向きに吹いている。気流は幅も広く長さも長いが，一般に上から下までの厚さはほんの数キロしかない。

　ジェット気流は今日では非常によく知られた現象である。気象予報士は人工衛星などの様々な技術を駆使してジェット気流の動きを観測し予測する。パイロットはフライトプランを立てるときにそれを参考にしている。東向きの飛行では，燃料コストの削減になり到着も早くなるので気流を追いかける。一方，逆の理由から西向きの航行ではこれを避けようとする。

　最初に発見されたのは，太平洋上を吹くジェット気流であり，この気流は一般の人々にも広く知られている。しかし地球にはさまざまな地域に合計4つの大きなジェット気流があることがわかっている。

Q1: ジェット気流について第1段落から推測できるのは次のどれか？
(A) それは飛行機が発明されるまで知られていなかった。
(B) それは太平洋で嵐を引き起こす。
(C) それは波のようにうねって地球を取り巻いている。
(D) それは発見される前に予測されていた。

Q2: パッセージ中の obvious という語と意味が最も近いのはどれか。

　飛行機が太平洋上を飛び始めて間もないころ，パイロットたちは操縦する航空機の飛行効率が，目指す方向により異なることに気がついた。西方向に飛ぶ飛行機は多くの場合遅れて到着し，予測より多くの燃料を消費した。そして東方向を目指す飛行機には逆のことがあてはまった。理由は**明白**である。大気の上層で，常に西から風が吹いているに違いないのだ。これが現在ジェット気流として知られている風との最初の出合いだった。

(A) 予想外の
(B) はっきりと示されている
(C) 議論の的になる
(D) 正確には知られていない

Q3: 第2段落の then という語が意味するのはどれか。

　ジェット気流は暖気の塊が寒気の塊とぶつかったときに発生することがある。このとき温度差が大きいほど，より大きな力とスピードのある気流となる。冬の温度差は大きいため，この**時期**ジェット気流も勢いが強い。一般に夏はおよそ時速55キロで吹いているが，冬は時速およそ120キロだ。これまでに最大で時速320キロが記録されている。普通，ジェット気流は地上あるいは海上10キロから15キロにある。通常，南北に数百キロの幅がある。長さは数千キロに及ぶこともある。1つのジェット気流は不連続の波状の帯のような形をして地球を取り巻き，中国，日本，太平洋，北アメリカそしてヨーロッパの上空を東向きに吹いている。気流は幅も広く長さも長いが，一般に上から下までの厚さはほんの数キロしかない。

(A) 航空輸送の黎明期
(B) 通常の状態であるとき
(C) 冬の間
(D) 寒気と暖気が出合うとき

Q4: 問題文中の aviation という語と最も意味の近いのはどれか。

　飛行機が太平洋上を**飛び**始めて間もないころ，パイロットたちは操縦する航空機の飛行効率が，目指す方向により異なることに気がついた。西方向に飛ぶ飛行機は多くの場合遅れて到着し，予測より多くの燃料を消費した。そして東方向を目指す飛行機には逆のことがあてはまった。理由は明白である。大気の上層で，常に西から風が吹

いているに違いないのだ。これが現在ジェット気流として知られている風との最初の出合いだった。

(A) 海水の浄化
(B) 鳥の観察
(C) 海上戦
(D) 航空輸送

Q5: ジェット気流について，第3段落が示す内容は次のどれか？
(A) それはレーダーで探知することができる。
(B) それは飛行機墜落の原因となった。
(C) それは北米を通過する。
(D) それはもはや不思議なことではない。

Q6:
指示文：このパッセージの導入文が以下に示されている。パッセージの要点を表す2つの選択肢を選んで文の要旨を完成させなさい。パッセージにない内容や関連性の薄いことを述べる文は選ばないこと。

このパッセージはジェット気流と呼ばれる風について説明している。

正しい選択肢を選びなさい（2つ選んで解答欄を埋めること）。
(1) ジェット気流はクリーンエネルギーの元として有効に利用できる。
(2) こうした風は暖気と寒気の巨大な塊がぶつかってできる。
(3) ジェット気流が危険な状態をもたらすとき，パイロットは安全警告を受ける。
(4) 地球のまわりに合計4つの大きなジェット気流があることがわかっている。

解説

2. 知らない単語を類推する攻略法

【解答】
1.(A)　2.(B)　3.(C)　4.(D)　5.(D)　6.(2) (4)

【解法】
Q1：〈推測する問題　段落の最初と最後の文に正解があることが多い！〉
★ジェット気流について第 1 段落から推測できるのは何かと問われている。

最初の文に In the early years of aviation over the Pacific Ocean, pilots noticed that the performance of their aircraft seemed to vary, depending on their direction.（飛行機が太平洋上を飛び始めて間もないころ，パイロットは操縦する航空機の飛行効率が，目指す方向により異なることに気がついた）と書かれている。

最後の文の This was the first encounter with a kind of wind that is now known as a jet stream.（これが現在ジェット気流として知られている風との最初の出合いだった）を読み取ろう。つまり，「ジェット気流は飛行機が発明されるまで知られていなかった」ので正解は（**A**）**They were unknown before airplanes were invented.** である。

Q2：〈類似語彙の問題　TOEFLによく出る！　obvious → clearly implied
知らない単語を類推しよう⇒単語の意味を知らなくても前後関係から類推できる！〉
★パッセージ中の obvious（第 4 文）という語と意味が最も近いのはどれかと問われている。

第 1 段落の第 2 文の Airplanes going west often arrived later（西方向に飛ぶ飛行機は多くの場合遅れて到着し），第 3 文の And the reverse was true for airplanes going east.（そして東方向を目指す飛行機には逆のことがあてはまった）と書かれている。

これに対する "obvious" な説明として，第 5 文に There must be a steady

wind moving eastward in the upper atmosphere.（上空に常に東方へ吹く風があるに違いない）とある。

　つまり，「西方向に飛ぶ飛行機は遅れて到着し，東方向に飛ぶ飛行機は早く到着する」という事実から，「東方へ吹く風があること」が「誰の目にも明らか」だと言っているのである。つまり，正解は「（誰にでも）はっきりわかる」を意味する（**B**) **easy to see** である。

　（A）unexpected は「予期されない」，（C）controversial は「議論の的になるような」（D）not precisely known は「正確には知られていない」をそれぞれ意味する。文脈に合わないので誤答だが，どれも TOEFL によく出る単語なので覚えよう。

Q3 :〈 **言葉の置き換えの問題** （副詞の問題） **TOEFLによく出る！** 　副詞の then は時を示す場合（「そのとき」）と，時間の流れを示す場合（「それから」）がある！〉
★第2段落の then という語が意味するのは何かと問われている。

　then の入っている文を読み取ろう。And the temperature differences are greater in winter, so the jet stream is stronger then.（冬の温度差は大きいため，この時期ジェット気流も勢いが強い）で then が使われているが，この then は「この時期」，すなわち「冬の間」のことである。よって，正解は（**C**）**During the winter months** である。

Q4 :〈 **類似語彙の問題** **TOEFLによく出る！** 　知らない単語を類推しよう⇒単語の意味を知らなくても前後関係から類推できる！　aviation「航空輸送」
　→ transportation by airplane〉
★ aviation に最も意味の近い単語は何かと問われている。

　In the early years of aviation over the Pacific Ocean, pilots noticed that the performance of their aircraft seemed to vary, depending on the direction.（飛行機が太平洋上を飛び始め［太平洋上を飛行機が操縦され］て間もないころ，パイロットは操縦する航空機の飛行効率が，目指す方向により異なることに気がついた）を読み取ろう。仮に aviation の意味がわからなくても，pilot「パイロット」や aircraft「飛行機」から，なんとなく意味を類推できるはずだ。「太平洋上（over the Pacific Ocean）」で，飛行機に関連するものだから，aviation の意味を「飛行機が飛ぶこと」「飛行機で何かを運ぶこと」だと推測できるだろう。正解は，「航空輸送」を意味する（**D**）**Transportation by airplane** である。

Q5:〈 要点を把握する問題　段落の最初の文か最後の文に正解があることが多い！
　　＋ 正解は言い換えられていることが多い！ well-known「よく知られている」
　　→ no longer mysterious「もはや不思議なことではない」〉
★ジェット気流について，第3段落が示す内容は次のどれかと問われている。

　最初の文の The jet stream is now a very well-known phenomenon.（ジェット気流は今日では非常によく知られた現象である）を読み取ろう。well-known → no longer mysterious に言い換えられている。つまり，「それは，もはや不思議なことでない」ので正解は（**D**）**They are no longer mysterious.** である。

Q6:〈 要旨の完成問題　段落の最初と最後の文に正解があることが多い！ ＋ 逆接を示す But や However の文に続く文に正解があることが多い！ 〉[P.250参照]
★次の導入文に続くパッセージの要点を表す 2 つの選択肢はどれかと問われている。This passage explains winds called jet streams.（このパッセージはジェット気流と呼ばれる風について説明している）

　第 2 段落の最初の文に A jet stream is sometimes created when a mass of warm air meets a mass of cold air.（ジェット気流は暖気の塊が寒気の塊とぶつかったときに発生することがある）と書かれている。
　つまり，正解は「これらの風は暖気の塊が寒気の塊が一緒になってできる」を意味する（**2**）**These winds are formed when large masses of cold and warm air come together.** はパッセージの要点を示している。be created → be formed に書き換えられている。
　最終段落の最後の文に But a total of four major jet streams have been found over different areas of the earth.（しかし地球にはさまざまな地域に合計 4 つの大きなジェット気流があることがわかっている）と書かれている。be found ⇔ be created に言い換えられていて，「地球の周りに合計 4 つの大きなジェット気流があることがわかった」を意味する（**4**）**A total of four major jet streams have been discovered around the earth.** も要点を示している。

重要語句をチェックしよう

- [ ] meteorology 気象学　　- [ ] aviation 航空輸送　　- [ ] the Pacific Ocean 太平洋
- [ ] notice 気づく　　- [ ] performance 飛行効率（性能）　- [ ] aircraft 航空機
- [ ] vary 異なる　　- [ ] depend on ～ ～による　　- [ ] direction 方向
- [ ] fuel 燃料　　- [ ] reverse 反対　　- [ ] be true for ～ ～にあてはまる
- [ ] obvious 明白な　　- [ ] eastward 東方向に，東に向かって
- [ ] upper atmosphere 大気上層部　　- [ ] encounter 出合い
- [ ] mass of warm air 暖気の塊　　- [ ] mass of cold air 寒気の塊
- [ ] form 形成する　　- [ ] discontinuous 不連続の
- [ ] wavy belt 波型の帯　　- [ ] encircle 取り巻く　　- [ ] typically 一般的には
- [ ] well-known よく知られた　　- [ ] phenomenon 現象
- [ ] weather forecaster 気象予報士　　- [ ] wide range of ～ さまざまな～
- [ ] satellite 衛星　　- [ ] observe 観測する　　- [ ] predict 予測する　　- [ ] behavior 動き
- [ ] those 人　　- [ ] seek 探す　　- [ ] save fuel 燃料を削減する
- [ ] avoid 避ける　　- [ ] general public 一般の人々

3 やってみよう！ 言葉の置き換え（代名詞と指示代名詞）の攻略法

- 代名詞や指示代名詞が何を指しているのか（言葉の置き換え）を見抜くのって，なかなかタイヘンです…。
- 簡単に考えよう。基本的に，**代名詞が指すものはその代名詞より必ず「前に」ある**んだよ。
- なるほど！ わかりました。でもつい焦ると，後ろのほうを見てしまったりするんですよね。
- **代名詞の「数」**にも注意しようね。単数を表す代名詞と複数を表す代名詞の違いはわかるかい？
- ええと，単数を表す代名詞は it，its，this，that，複数を表すのは they，their，them，theirs，we，our，us，ours ですよね。I，he，she などの人称代名詞は単数ですが，you，your，you，yours は単数でも複数でもありえますね？
- はい，よろしい！ **it は単数の「もの」や，文の内容を指す**ということも大切だよ。
- はい！ ところで，出題文の科学情報誌は難しそうですね。
- 内容に簡単に触れておくと…，昔は情報は石に刻まれていた。ロマンチックだね〜。でも，今は電子メディアに情報が store（保存）されているよね！ あまり難しく考えずに，情報メディアの長所と短所を読み取る勉強をしよう。

Chiseled in Stone

Recording information for later use has always been an important part of human life. In order to do this, people must use some kind of material to record information. Such materials are called recording media. Over the years, people have used many kinds of recording media.

Ancient recording media included clay and stone. When a statement is written once, to be preserved unchanged for all time, we say it has been "chiseled in stone." Information recorded in this medium lasts a long time. But stone isn't easy to write on, carry, copy or share. Scrolls or books of paper and ink, on the other hand, are easy to carry, copy and share with many readers. But paper needs protection from water, heat and sunlight. These media have existed for thousands of years, partly because they have a strong advantage: we can read them by simply looking at them.

Today, unlike previous generations, we rely on electronic media. When we use a digital camera, we rely on electronic media to store our childhood memories. If you have a bank account, you are trusting computer systems to remember your money. And when you use a credit card, you rely on electronic media to accurately store your identity.

But electronic media have a disadvantage: You cannot read them simply by looking at them. You need special equipment like a computer CD-ROM drive. However, these media soon become obsolete: Every few years, new recording media, and new reading equipment, become popular. When this happens, older ones become less common, harder to find and more expensive. Information stored on a CD-ROM disc, for instance is still easy to get. You can get information on a "floppy" disc of the kind used in the 1980s. But it's not so easy because the equipment can be hard to find. Information stored on an 8-Track tape from the 1970s would be very difficult to obtain. And information stored only in a stack of computer punch cards from the 1960s might be lost forever. Modern technologies are convenient, but they become useless within a few decades.

The plays of Shakespeare can be stored in a book the size of a shoe box or a computer chip the size of a fingernail. But imagine someone finding these things in a dusty library basement 100 years from now. It's likely that only the former will provide Shakespeare's plays in an easy-to-read form. Like an old vinyl music record, the latter requires special equipment that will probably become obsolete.

Q1: Look at the four squares [■] that indicate where the following sentence can be added to the passage.

These media are very long-lasting.

Where would the sentence best fit?

Ancient recording media included clay and stone. ■ When a statement is written once, to be preserved unchanged for all time, we say it has been "chiseled in stone." Information recorded in this medium lasts a long time. ■ But stone isn't easy to write on, carry, copy or share. ■ Scrolls or books of paper and ink, on the other hand, are easy to carry, copy and share with many readers. ■ But paper needs protection from water, heat and sunlight. These media have existed for thousands of years, partly because they have a strong advantage: we can read them by simply looking at them.

Q2: Which of the sentences below best expresses the main idea of the highlighted sentence in the passage?

But electronic media have a disadvantage: You cannot read them simply by looking at them. You need special equipment like a computer CD-ROM drive. So these media soon become obsolete. Every few years, new recording media, and new reading equipment, become popular. When this happens, older ones become less common, harder to find and more expensive. Information stored on a CD-ROM disc, for instance is still easy to get. You can get information on a "floppy" disc of the kind used in the 1980s. But it's not so easy because the equipment can be hard to find. Information stored on an 8-Track tape from the 1970s would be very difficult to obtain. And information stored only in a stack of computer punch cards from the 1960s might be lost forever. Modern technologies are convenient, but they become useless within a few decades.

(A) The efficiency of modern technology leads to its main disadvantage.
(B) Many people prefer older forms of technology because of convenience.
(C) Despite their advantages, electronic media soon become less useful.
(D) More efficient media usually tend to be more expensive when they first appear.

Q3: In paragraph 4, why does the author mention that data stored on CDs is easy to access?
(A) To argue for a "smaller-is-better" concept in information storage
(B) To show that electronic media are more convenient than ink and paper
(C) To contrast newer electronic media with older electronic media
(D) To give an example of an electronic medium that may last for centuries

Q4: Paragraph 3 supports which of the following statements?
(A) Nearly everyone is required to carry an I.D. card of some kind.
(B) Banks are required to protect customers' personal information.
(C) Credit cards have a low information storage capacity.
(D) We depend on electronic media more now than in past years.

Q5: The word "obsolete" in paragraph 4 is closest in meaning to:

But electronic media have a disadvantage: You cannot read them simply by looking at them. You need special equipment like a computer CD-ROM drive. However, these media soon become obsolete: Every few years, new recording media, and new reading equipment, become popular. When this happens, older ones become less common, harder to find and more expensive. Information stored on a CD-ROM disc, for instance is still easy to get. You can get information on a "floppy" disc of the kind used in the 1980s. But it's not so easy because the equipment can be hard to find. Information stored on an 8-Track tape from the 1970s would be very difficult to obtain. And information stored only in a stack of computer punch cards from the 1960s might be lost forever. Modern technologies are convenient, but they become useless within a few decades.

(A) Flawlessly designed
(B) No longer useful
(C) Increasingly available
(D) Rarely purchased

Q6: Select the appropriate phrases from the answer choices, and match each to the appropriate category. TWO of the answer choices will not be used.

(Usually there are 2 or 3 categories presented and 2 or 3 statements will fit in one category.)

Categories:
A. Ancient media
B. Electronic media

Phrases:
1. Long-lasting
2. Water-based
3. Easy to read
4. Requiring special equipment
5. Become useless in a few decades
6. Easy to find

全訳　3. 言葉の置き換え（代名詞と指示代名詞）の攻略法

石に刻まれて

　後で活用するために情報を記録しておくことは，人間の生活において常に重要視されてきた。情報を記録するためには，記録するための何らかの媒体が不可欠である。こうした媒体は記録メディアと呼ばれている。長年，人々は様々な種類の記録メディアを使ってきた。

　大昔の記録メディアには粘土と石があった。何か（言ったこと）が書き記され，それをいつまでも変わることなく残して（保存して）おきたいとき，私たちは，それは「石に刻まれた」と表現する。石というメディアに記録された情報は長く残るからである。しかし石は，書くこと，持ち運ぶこと，複写や共有することが，容易でない。一方，巻物や紙を綴じた本とインクならば，運ぶのも，複写するのも，また多くの読み手と共有するのもたやすい。ただ紙は，水，熱，太陽光には弱い。紙というメディアは何千年と存在し続けてきたが，それは１つには大きな強みをもっているからだ。ただ見るだけで読めるということだ。

　今日，私たちは昔の世代とは違う電子メディアに頼っている。デジタルカメラを使ったら，子ども時代の思い出を電子メディアに記録する。銀行口座を持っているなら，コンピュータシステムにあなたのお金を管理してもらう。またクレジットカードを使うときも，あなたの認証情報を正確に記憶する電子メディアに頼ることになる。

　しかし，電子メディアにも欠点がある。目で見るだけでは中身を読めないのだ。読むためにはコンピュータのCD-ROMドライブのような専用の機器が必要となってくる。そのため，こうしたメディアはすぐに時代遅れになる。何年も経たないうちに次々と新しい記録メディアや読み取り機器が出てそれが定番になる。こうなると古いものは一般的でなくなり，探すのも大変で値段も上がる。例えば，CD-ROMディスクに残された情報ならまだ簡単に読むことができる。1980年代に使われた類のフロッピーディスクの情報も得ることができる。しかし機器を見つけるのが難しいので，それほど簡単にはいかないだろう。1970年代の８トラックのテープに残された情報を得るのは難しいだろう。さらに1960年代のコンピュータ用パンチカードの山の中にのみ記録された情報は永遠に失われてしまったかもしれない。現代の科学技術は便利ではあるが，ほんの数十年で役に立たなくなってしまう。

　シェークスピアの戯曲は，靴箱サイズの本や指の爪の大きさのコンピュータチップに保存することができる。しかし今から100年後に，ほこりまみれの図書館の地下室

で誰かがこれらを見つけるところを想像してみよう。シェークスピアの戯曲を，簡単にすぐに読めるのはおそらく前者のみになりそうだ。古い音楽レコードと同じで，後者は，おそらく廃れるだろう専用の機器を必要とするからだ。

Q1：次の文をパッセージに挿入できる箇所を示す 4 つの [■] を見なさい。

こうしたメディアは非常に永く残る。

この文はどこに挿入するのが適切か？

大昔の記録メディアには粘土と石があった。*■何か（言ったこと）が書き記され，それをいつまでも変わることなく残しておきたいとき，私たちは，それは「石に刻まれた」と表現する。石というメディアに記録された情報は長く残るからである。■しかし石は，書くこと，持ち運ぶこと，複写や共有することが，容易でない。■一方，巻物や紙を綴じた本とインクならば，運ぶのも，複写するのも，また多くの読み手と共有するのもたやすい。■ただ紙は，水，熱，太陽光には弱い。紙というメディアは何千年と存在し続けてきたが，それは1つには大きな強みをもっているからだ。ただ見るだけで読めるということだ。

Q2：パッセージ中の，ハイライトされた文の主旨を最もよく示す文は次のどれか？

しかし，電子メディアにも欠点がある。目で見るだけでは中身を読めないのだ。読むためにはコンピュータの CD-ROM ドライブのような専用の機器が必要となってくる。そのため，こうしたメディアはすぐに時代遅れになる。何年も経たないうちに次々と新しい記録メディアや読み取り機器が出てそれが定番になる。こうなると古いものは一般的でなくなり，探すのも大変で値段も上がる。例えば，CD-ROM ディスクに残された情報ならまだ簡単に見ることができる。1980 年代に使われた類のフロッピーディスクの情報も得ることができる。しかし機器を見つけるのが難しいので，それほど簡単にはいかないだろう。1970 年代の 8 トラックのテープに残された情報を得るのは難しいだろう。さらに 1960 年代のコンピュータ用パンチカードの山の中にのみ記録された情報は永遠に失われてしまったかもしれない。**現代の科学技術は便利ではあるが，ほんの数十年で役に立たなくなってしまう。**

（A）最新の技術の効率性がその主なデメリットにつながる。
（B）多くの人々は，その便利さから，より古い形態の技術を好む。

(C) 便利であるにもかかわらず,電子メディアはすぐに使えなくなる。
(D) 新しく発売される効率のアップしたメディアは,たいてい価格も上がっていることが多い。

Q3:第4段落で,筆者がCDに保存されたデータにアクセスするのはたやすいと述べているのはなぜか?
(A) 情報を保存するには「小さければ小さいほどいい」という考えを主張するため。
(B) 電子メディアがインクや紙より便利なことを示すため。
(C) 新しい電子メディアと古い電子メディアを対比させるため。
(D) 何百年も使われ続けるかもしれない電子メディアの例をあげるため。

Q4:第3段落は次のどの内容を裏付けているか?
(A) ほとんどの人が何らかのIDカードを持つことを求められている。
(B) 銀行は顧客の個人情報を保護することを求められる。
(C) クレジットカードの情報保存能力は低い。
(D) 現代の私たちは,電子メディアに依存するところがこれまでよりも大きい。

Q5:第4段落のobsoleteという語と最も意味が近いのはどれか。

しかし,電子メディアにも欠点がある。目で見るだけでは中身を読めないのだ。読むためにはコンピュータのCD-ROMドライブのような専用の機器が必要となってくる。そのため,こうしたメディアはすぐに**時代遅れ**になる。何年も経たないうちに次々と新しい記録メディアや読み取り機器が出てそれが定番になる。こうなると古いものは一般的でなくなり,探すのも大変で値段も上がる。例えば,CD-ROMディスクに残された情報ならまだ簡単に読むことができる。1980年代に使われた類のフロッピーディスクの情報も得ることができる。しかし機器を見つけるのが難しいので,それほど簡単にはいかないだろう。1970年代の8トラックのテープに残された情報を得るのは難しいだろう。さらに1960年代のコンピュータ用パンチカードの山の中にのみ記録された情報は永遠に失われてしまったかもしれない。現代の科学技術は便利ではあるが,ほんの数十年で役に立たなくなってしまう。

(A) 完璧に立案された
(B) もはや役に立たない
(C) ますます利用できる
(D) めったに購入されない

Q6：答えの選択肢から適切な句を選んで，適切なカテゴリーと組み合わせなさい。答えの選択肢のうち2つは使わない。

（通常2つあるいは3つのカテゴリーが示され，1つのカテゴリーには2つあるいは3つの内容があてはまる）

カテゴリー：

　A. 大昔のメディア
　B. 電子メディア

句：

1. 長持ちする
2. 水性の
3. 簡単に読める
4. 専用機器が必要
5. 何十年か後には使えなくなる
6. 簡単に見つかる

解 説

3. 言葉の置き換え（代名詞と指示代名詞）の攻略法

【解答】
1. 1番目の■ 2.（C） 3.（C） 4.（D） 5.（B） 6. A：1&3 B：4&5

【解法】
Q1：〈文を挿入する問題　挿入文は代名詞や指示代名詞・副詞・定冠詞をヒントに正解を導き出せることが多い！ ＋ 言葉の置き換え（指示代名詞）の These media に注目する！⇒（指示）代名詞の前に正解が来る！〉

★ These media are very long-lasting.（こうしたメディアは非常に永く残る）はどこに挿入されるべきかが問われている。

　These media（これらのメディア）なので，these の指す内容である，**複数のメディアが前の文**になければならない。
　第2段落の第1文に Ancient recording media included clay and stone.（大昔の記録メディアには粘土と石があった）がある。つまり，clay と stone の 2 つがメディアの例としてあげられているので**正解は最初の■**である。

Q2：〈文の意味を問う問題　正解は言い換えられていることが多い！ modern technology → electronic media〉

★パッセージ中のハイライトされた文，Modern technologies are convenient, but they become useless within a few decades.（現代の科学技術は便利ではあるが，ほんの数十年で役に立たなくなってしまう）の主旨を示す文はどれかと問われている。

　正解文では modern technologies（現代の科学技術）が electronic media（電子メディア）という例で示されている。そして useless → less useful に言い換えられている。
　正解は，「便利であるにも関らず電子メディアはすぐに使えなくなる」を意味する**（C）Despite their advantages, electronic media soon become less useful.** である。

Q3：〈 著者の意図を問う問題 「To contrast」が正解になる問題は出題されることが多い！〉
★第4段落で筆者がCD-ROMに保存されたデータにアクセスするのはやすいと述べている理由が問われている。

　第4段落の後ろから3文目に Information stored on an 8-Track tape from the 1970s would be difficult to obtain.（1970年代の8トラックのテープに残された情報を得るのは難しいだろう）と書かれている。これは，CD-ROMという比較的新しい電子メディアに対する，古い電子メディアの例としてあげられていると考えられる。そのため，正解は「新しい電子メディアと古い電子メディアを対比させるため」を意味する（**C**）**To contrast newer electronic media with older electronic media** である。

Q4：〈 要点を把握する問題 　段落の最初の文か最後の文に正解があることが多い！＋正解は言い換えられていることが多い！〉
★第3段落は何を裏付けているかを問われている。

　最初の文に Today, unlike previous generations, we rely on electronic media.（今日，私たちは昔の世代とは違い電子メディアに頼っている）とある。
　正解文では，rely on → depend on に言い換えられている。最初の文とほぼ同じ内容の「これまでよりも電子メディアに依存するところが大きい」という意味を表している（**D**）**We depend on electronic media more now than in past years.** が正解である。

Q5：〈 類似語彙の問題 　obsolete「廃れた, 時代遅れの」→ no longer useful「もはや役に立たない」＋単語の意味を知らなくても前後関係から推測できる！〉
★第4段落の第3文の obsolete に近い意味を持つ単語は何かと問われている。

　obsolete はたしかに少し難しい単語なので, 意味がわからないかもしれない。しかし，直後の Every few years, new recording media, and new reading equipment, become popular. When this happens, older ones become less common, harder to find and more expensive.（何年も経たないうちに次々と新しい記録メディアや読み取り機器が出てそれが定番になる。こうなると古いものは一般的でなくなり，探すのも大変で値段も上がる）を読めば見当がつくはずだ。「新しいメディアに切り替わると，古いメディアが使えなくなる」, つまり「役に立たなくなる」ということなので，正解は（**B**）**No longer useful** である。

Q6：〈 要点を分類する問題　段落の最初の文か最後の文に正解があることが多い！〉

第1および2段落は「古代メディア」，第3および第4段落は「電子メディア」について書かれている。まずは，第2段落と第4段落の最後の文に着目してみよう。第2段落の最後の文に，...we can read them by simply looking at them. 「見るだけで読むことができる」とあるが，これはつまり「簡単に読める」という意味である。よって，3. Easy to read は，A. Ancient media「古代メディア」に関する内容である。続いて，第4段落の最後の文 Modern technologies are convenient, but they become useless within a few decades. から「近代テクノロジーは数十年経てば役に立たなくなる」という内容が読み取れるので，5. Become useless in a few decades は B. Electronic media「電子メディア」に関する内容である。

また，第2段落の第3文 Information recorded in this medium lasts a long time. から，「古代メディアは長もちする」ということがわかるので，1. Long-lasting は A. Ancient media「古代メディア」，そして第4段落の第2文 You need special equipment like a computer CD-ROM drive. という箇所から「電子メディアには特別な機器が必要である」ということがわかるので，4. Requiring special equipment は B. Electronic media「電子メディア」に関する内容だと判断できる。

なお，2. Water-based および 6. Easy to find に関する明確な記述はないため，どちらのカテゴリーの説明にもならない。

重要語句をチェックしよう

- ☐ **recording media** 記録メディア　☐ **ancient** 古代の（大昔の）
- ☐ **statement** 言うこと　☐ **clay and stone** 粘土と石
- ☐ **be preserved** 保存される　☐ **unchanged** 変わらず
- ☐ **chiseled in stone** 石に刻まれた　☐ **last** 残る　☐ **scroll** 巻物
- ☐ **on the other hand** 一方では　☐ **protection** 保護
- ☐ **exist** 存在する　☐ **advantage** 強み　☐ **unlike** 〜とは異なり
- ☐ **previous generations** 前の(昔の)世代　☐ **store** 貯蔵（記録）する
- ☐ **bank account** 銀行の口座　☐ **accurately** 正確に
- ☐ **identity** 身元証明(認証情報)　☐ **disadvantage** 欠点　☐ **equipment** 機器
- ☐ **obsolete** 時代遅れな　☐ **for instance** 例えば　☐ **obtain** 得る
- ☐ **decade** 10年　☐ **dusty** ほこりっぽい　☐ **library basement** 図書館の地下
- ☐ **former** 前者　☐ **provide** 提供する　☐ **latter** 後者　☐ **require** 必要とする

4 やってみよう！ 意見を読むための攻略法

- 司法取引 (plea bargain) って何ですか？
- 刑の軽減と引き換えに罪を認めることだよ。君は司法取引の **supporter**（賛成派），それとも **opponent**（反対派）？
- う～ん。わかりません。
- 賛成派は，司法取引が裁判システムをより効率的にする正義への近道だと主張しているんだよ。
- 私は，司法取引は逆に正義を妨げる（hinder）もののような気がします。だから，反対派です。
- 意見を読むための攻略法では，**意見には「賛成する」（approve）と「反対する」（oppose）という2つの立場がある**ことをしっかり頭に入れて勉強しよう！ また，この問題には出てこないけど「賛成意見と反対意見」を英語では"pros and cons"と表現することも覚えておこう。

Bargaining for Justice

In the United States, every citizen who is accused of a crime has the right to a fair trial. In many cases, however, people willingly give up that right. This is part of a special kind of deal called a "plea bargain." In such a deal, the accused person agrees to admit guilt in exchange for light punishment. Some experts approve of plea bargaining, while others do not.

The experts who approve say that people have the right to make such deals. They explain that plea bargains reward both sides of a case. They say that plea bargains do not prevent justice because the guilty person is often punished. Also, sometimes the accused person gives information as part of a plea bargain. Sometimes this information helps police catch other criminals and prevent more crime. Finally, the experts who approve say that plea bargaining is good for taxpayers. This is because plea bargaining helps avoid expensive trials.

Opponents of plea bargaining, on the other hand, say that it is a recent problem that hinders justice and threatens the foundations of the court system. They believe that in some cases it enables dangerous criminals to go unpunished. This could be dangerous for the public. In other cases, they say, plea bargaining forces innocent people to say that they are guilty.

Thus, supporters say plea bargaining is a shortcut to justice that makes the system more efficient. Opponents disagree, saying that it is like a short circuit that prevents justice. **Both sides do, however, agree on one fact**: plea bargaining continues to spread to court systems all around the world.

Q1 : In paragraph 1, why does the author mention "light punishment"?

In the United States, every citizen who is accused of a crime has the right to a fair trial. In many cases, however, people willingly give up that right. This is part of a special kind of deal called a "plea bargain." In such a deal, the accused person agrees to admit guilt in exchange for light punishment. Some experts approve of plea bargaining, while others do not.

  (A) To imply that plea bargaining is illegal
  (B) To help explain the history of punishment
  (C) To show why plea bargaining is attractive
  (D) To criticize experts who support plea bargaining

Q2 : The word "they" in the passage refers to:

The experts who approve say that people have the right to make such deals. They explain that plea bargains reward both sides of a case. They say that plea bargains do not prevent justice because the guilty person is often punished. Also, sometimes the accused person gives information as part of a plea bargain. Sometimes this information helps police catch other criminals and prevent more crime. Finally, the experts who approve say that plea bargaining is good for taxpayers. This is because plea bargaining helps avoid expensive trials.

(A) The accuser in a case
(B) Those who approve
(C) Every free citizen
(D) Judges in courtrooms

Q3 : The word "opponents" in the passage is closest in meaning to:

Opponents of plea bargaining, on the other hand, say that it is a recent problem that hinders justice and threatens the foundations of the court system. They believe that in some cases it enables dangerous criminals to go unpunished. This could be dangerous for the public. In other cases, they say, plea bargaining forces innocent people to say that they are guilty.

(A) Relatives of the accused
(B) Constitutional law experts
(C) The opposing sides of a court case
(D) Those who are against

Q4 : The word "hinders" in the passage is closest in meaning to:

Opponents of plea bargaining, on the other hand, say that it is a recent problem that hinders justice and threatens the foundations of the court system. They believe that in some cases it enables dangerous criminals to go unpunished. This could be dangerous for the public. In other cases, they say, plea bargaining forces innocent people to say that they are

guilty.
- (A) Prevents
- (B) Requires
- (C) Speeds up
- (D) Switches

Q5: **Paragraph 4 supports which of the following statements about plea bargaining?**
- (A) It will probably be made illegal.
- (B) It is increasing worldwide.
- (C) It helps reduce taxes.
- (D) It doesn't really help people.

Q6:

Directions: An introductory sentence for the passage is provided below. Complete the summary by selecting the TWO answer choices that express the most important ideas in the passage. Some sentences do not belong in the summary because they express ideas that are not presented in the passage or are minor ideas in the passage.

The passage introduces the general idea of the plea bargain.

Answer choices (choose 2 to complete the chart).
- (1) Finally, it urges further research and development in this field.
- (2) It presents opinions for and against plea bargaining.
- (3) It concludes by mentioning that plea bargaining is becoming more widespread.
- (4) It then presents two examples of how plea bargaining has changed history.

全訳　4. 意見を読むための攻略法

正義のための取引

　アメリカでは，罪に問われた市民は皆，公平な裁判を受ける権利がある。しかし多くの裁判で，進んでこの権利を放棄する人がいる。これは「司法取引」といわれる一種の特殊な取引である。こうした取引では，被告人は刑の軽減と引き換えに罪を認めることに同意する。専門家には司法取引に賛成する人もいれば，反対する人もいる。

　認める立場の専門家は，人にはこうした取引をする権利があると言う。彼らは司法取引が裁判の当事者双方に利益をもたらすと説明する。罪を犯した人間はたいてい罰せられるので，司法取引が公正さを妨げることにはならないと彼らは言うのだ。また被告人は司法取引の見返りに情報を提供することがある。この情報のおかげで，警察が他の犯罪者を逮捕して次の犯罪を未然に防げる場合もあるのだ。最後に，司法取引は納税者にとってもよいことなのだと是認派の専門家は主張する。これは司法取引によって，費用のかさむ裁判を回避できるからだ。

　一方，司法取引の反対論者は，このことは公正さを妨げ司法制度の根底を揺るがしかねない新しい問題だと言っている。危険な犯罪者が罰せられることのない場合がでてくると彼らは考えるのだ。このことによって，一般の人々に危険が及ぶ可能性がある。また，場合によっては，司法取引があるせいで，無実の人たちが罪を認めることを強要されてしまうことがあると言う。

　こうして，賛成派は，司法取引が司法制度の効率を高める公正への近道だと主張する。反対派は，司法取引は司法制度を「ショート」させてしまい，公正への障害となる「短絡回路」のようだと反論している。しかし両者は１つの事実については一致した考えだ。司法取引が世界中の司法制度に広がりつつあるということだ。

Q1： 第１段落で，筆者が「刑の軽減」と述べているのはなぜか？

　アメリカでは，罪に問われた市民は皆，公平な裁判を受ける権利がある。しかし多くの裁判で，進んでこの権利を放棄する人がいる。これは「司法取引」といわれる一種の特殊な取引である。こうした取引では，被告人は**刑の軽減**と引き換えに罪を認めることに同意する。専門家には司法取引を認める人もいれば，反対する人もいる。

(A) 司法取引が違法であることをほのめかすため
(B) 刑罰の歴史の説明をわかりやすくするため

(C) 司法取引が魅力的である理由を示すため
(D) 司法取引に賛成する専門家を批判するため

Q2: パッセージ中の they という語が示すのは
　認める立場の専門家は,人にはこうした取引をする権利があると言う。**彼ら**は司法取引が裁判の当事者双方に利益をもたらすと説明する。罪を犯した人間はたいてい罰せられるので,司法取引が公正さを妨げることにはならないと**彼ら**は言うのだ。また被告人は司法取引の見返りに情報を提供することがある。この情報のおかげで,警察が他の犯罪者を逮捕して次の犯罪を未然に防げる場合もあるのだ。最後に,司法取引は納税者にとってもよいことなのだと是認派の専門家は主張する。これは司法取引によって,費用のかさむ裁判を回避できるからだ。

(A) 裁判の原告
(B) 賛成する人々
(C) すべての自由な市民
(D) 法廷の裁判官

Q3: パッセージ中の opponents という語と最も意味が近いのは
　一方,司法取引の**反対論者**は,このことは公正さを妨げ裁判システムの根底を揺るがしかねない新しい問題だと言っている。危険な犯罪者が罰せられることのない場合がでてくると彼らは考えるのだ。このことによって,一般の人々に危険の及ぶ可能性がある。また,場合によっては,司法取引があるせいで,無実の人たちが罪を認めることを強要されてしまう場合があると言う。

(A) 被告の親類
(B) 憲法の専門家
(C) 裁判事件で対立する両者
(D) 反対する人々

Q4: パッセージ中の hinder という語と最も意味が近いのは
　一方,司法取引の反対論者は,このことは公正さを**妨げ**裁判システムの根底を揺るがしかねない新しい問題だと言っている。危険な犯罪者が罰せられることのない場合がでてくると彼らは考えるのだ。このことによって,一般の人々に危険の及ぶ可能性がある。また,場合によっては,司法取引があるせいで,無実の人たちが罪を認める

ことを強要されてしまう場合があると言う。

(A) 邪魔する
(B) 要求する
(C) スピードを上げる
(D) 変える

Q5: 司法取引について第4段落が裏付けするのは次のどの内容か？
(A) それはおそらく法で禁じられるだろう。
(B) それは世界中に広がりつつある。
(C) 税金を減らすのに役立つ。
(D) それはあまり人々を助けない。

Q6:
指示文：このパッセージの導入文が以下に示されている。パッセージの要点を表す2つの選択肢を選んで文の要旨を完成させなさい。パッセージにない内容や関連性の薄いことを述べる文は選ばないこと。

このパッセージは司法取引の概略を伝えている。

正しい選択肢を選びなさい（2つ選んで解答欄を埋めること）。
(1) 最後のところで、この分野のさらなる研究と発展を促している。
(2) それは司法取引についての賛否両論を示している。
(3) それは司法取引がさらに世界に広がりつつあることを結びとして述べている。
(4) その後、それはいかに司法取引の2つの例が歴史を変えたかを示している。

解 説

4. 意見を読むための攻略法

【解答】
1.（C）　2.（B）　3.（D）　4.（A）　5.（B）　6.（2）（3）

【解法】

Q1：〈 **筆者の意図を問う問題**　In such a ..., ～「このような…では～」に続く文に具体的な説明がある場合が多い！〉
★第1段落で筆者が"light punishment"「刑の軽減」と述べている理由は何かと問われている。

　第1段落の後ろから2文目に In such a deal, the accused person agrees to admit guilt in exchange for light punishment.（こうした取引では，被告人は刑の軽減と引き換えに罪を認めることに同意する）とある。In such a deal の後に続く文は，このパラグラフの主題である plea bargain「司法取引」についての具体的な説明になっている。この部分は「司法取引をすることは，刑の軽減につながる」という内容になっている。つまり「司法取引の魅力として，刑の軽減がある」ということなので，正解は（C）**To show why plea bargaining is attractive.（司法取引が魅力的である理由を示すため）**になる。

Q2：〈 **言葉の置き換えの問題**（代名詞の問題）代名詞の指すものは，その代名詞の前にある！ ＋ they は複数の物・人を指す！ ＋ those who approve は「賛成する人たち」を意味する！〉
★パッセージ文中の they が意味するのは何かと問われている。

　読解問題が苦手な人でも，they が「複数の物・人」を指すことを知っていれば，まず選択肢から（A）The accuser in a case と（C）Every free citizen を消去できる（ただし，（C）のような every ... を they で受けることも多いので注意しておこう）。
　第1文の The experts who approve say that people have the right to make such deals.（認める立場の専門家は，人にはこうした取引をする権利があると言

う）にまず注目してみよう。この文の次の文が They から始まっているが，この they およびその次の文の they は，The experts who approve（認める立場の専門家）を指している。この the experts（専門家たち）が those（人々）に言い換えられている，(**B**) **Those who approve** が正解である。なお，those who... は「…の人々」という意味で，複数扱い（つまり，they で受ける）。

Q3：〈 類似語彙の問題　**TOEFL によく出る！**　opponent「反対者」は those who are against「反対する人たち」という意味 ＋ 単語の意味を知らなくても前後関係から類推できる！〉
★ opponents はどの意味に近いかが問われている。

　opponent が「反対者」を意味することを知っていれば，正解は (**D**) **Those who are against** であるとすぐにわかるだろう。
　opponents の単語の意味がわからなくても，直前の第2段落では「賛成意見」が述べられていることがわかり，第3段落の Opponents of plea bargaining, on the other hand, say that it is a recent problem that hinders justice and threatens the foundations of the court system.（一方，司法取引の反対論者は，このことは公正さを妨げ裁判システムの根底を揺るがしかねない新しい問題だと言っている）の on the other hand, ...（一方…）や recent problem（新しい問題）に注目すれば，反対しているのだということがわかり，正解を導き出せる。

Q4：〈 類似語彙の問題　**TOEFL によく出る！**　hinder「妨げる」→ prevent〉
★段落中の hinder という語と最も意味が近い単語は何かと問われている。

　この単語の意味がわからなくても，opponent（反対論者）の意味がわかれば，司法取引の「マイナス面」について述べているのだと推測できるはず。正解は「妨げる」を意味する (**A**) **prevents** であることがわかる。
　なお，(B) Requires は「要求する」，(C) Speeds up「スピードアップする」(D) Switches は「切り替える」を意味するので誤答である。

Q5：〈 要点を把握する問題　TOEFLによく出る！　段落の最初の文か最後の文に正解があることが多い！＋逆接を示す But や However の文に続く文に正解があることが多い！＋正解は言い換えられていることが多い！ all over the world → worldwide 〉

★司法取引（plea bargaining）について第4段落が支持しているのはどれかと問われている。

最終段落の最終行に Both sides do, however, agree on one fact: plea bargaining continues to spread to court systems all around the world.（しかしながら，両者は1つの事実については一致した考えだ。司法取引が世界中の司法システムに広がりつつあるということだ）とあるので，「世界中に広まっている」という内容の選択肢を選べばよい。

正解は「それは世界中に広がりつつある」を意味する（**B**）**It is increasing worldwide.** である。continue to spread（広がり続ける）→ is increasing（広がっている）all over the world（世界中に）→ worldwide に言い換えられていることにも注意しておこう。

Q6：〈 要旨の完成問題　段落の最初と最後の文に正解があることが多い！＋ It concludes〜の〜に段落の結びがある 〉これは段落ごとのポイントを見極める基礎問題で意見を読むための攻略法のまとめだよ

★この問題文の司法取引の概略を伝えるチャートを完成させるための，正しい2文を選ぶように求められている。

第2段落で司法取引の賛成論が述べられていることは，その段落の最初の文と最後の文を読めばわかる。

第3段落で司法取引の反対論を述べられていることも，その段落の最初の文と最後の文を読めばわかる。よって1つ目の正解は「それは司法取引についての賛否両論を示している」を意味する（**2**）**It presents opinions for and against plea bargaining.** である。

パッセージの最後の文，Both sides do, however, agree on one fact: plea bargaining continues to spread to court systems all around the world.（しかし両者は1つの事実については一致した考えだ。司法取引が世界中の司法システム司法制度に広がりつつあるということだ）という結論を示している。「司法取引がさらに広がっていく」ということを結論づけているので，2つ目の正解は（**3**）**It concludes by mentioning that plea bargaining is becoming more widespread.** である。

重要語句をチェックしよう

- bargaining 取引
- justice 公正,正義
- citizen 市民
- be accused of a crime 罪に問われる
- fair 公平な
- trial 裁判
- willingly 進んで
- give up that right その権利を放棄する
- plea bargain 司法取引
- In such a deal このような取引では
- accused person 被告人
- admit 認める
- guilt 罪
- in exchange for ～ ～と引き換えに
- light punishment 軽い罰
- approve of ～ ～を認める
- expert 専門家
- reward 利益をもたらす
- prevent 妨げる
- guilty person 罪人
- be punished 罰せられる
- criminal 犯罪者
- prevent 防ぐ
- finally 最後に
- taxpayer 納税者
- expensive 費用のかかる
- trial 裁判
- opponent 反対論者
- hinder 妨げる
- justice 正義
- threaten 恐れさせる(揺るがす)
- foundation 根底
- court system 裁判制度
- unpunished 罰せられない
- the public 一般の人
- force A to ～ Aに～することを強いる
- innocent 無罪の
- guilty 有罪の
- supporter 賛成派
- shortcut 近道
- justice 正義
- efficient 効率的な
- short circuit (電気回路の) ショート
- agree on ～ ～という点で同意する
- spread to ～ ～へ広がる

5 やってみよう！ 説明文を読むための攻略法

> 説明文を読むための攻略法は，すでに今までの問題の解法でも出ているけど，**「段落の最初と最後の文をしっかり読むこと」**だよ。

> なるほど！ でも，私はビジネスの世界にいたことがないので，このBusiness Administration「企業経営」の話はなんだか難しそうです…。

> 自動車メーカーを例にあげた，メーカーに関する話と，携帯電話業界の話だから，割と身近な内容じゃないかな。とにかく，難しく考えないことが大切だよ！ 例えば，携帯電話に関する料金の一部は「無料」だったりするけど，それでも会社はきちんと利益をあげてるよね！
> これが「ビジネスモデル」だよ。さあ，このビジネスモデルに関するパッセージを読んでいこう！

Business Models

Every company operates according to a set of basic ideas and strategies. The purpose of these ideas and strategies is to enable the company to provide the best product or service at the best price, and to do it efficiently. This framework of ideas and strategies is called a "business model." Every company needs a good business model in order to succeed.

One example of a simple business model is traditional manufacturing. A car manufacturer, for instance, pays workers to design good cars. The manufacturer buys steel, rubber, glass, plastic and other materials. It then pays workers to put these things together into cars. After that, its advertisers and sales staff try to sell the cars. If all goes well, people will like the cars, and will pay high prices for them. If they do so, then the manufacturer will succeed.

Another familiar business model can be seen in the cell phone business. This is called a subscription model because customers subscribe to a service. And most of the profit comes from monthly subscription payments, not from phone sales. In this model, the cell phone company sells attractive phones at low prices. The main goal of phone sales is not to make a profit. The goal is to attract as many phone users as possible. In fact, the phones will sometimes be given away for free. When users get their phones, they sign a subscription contract. This is a written obligation to pay every month for the telephone services they use. They may also pay extra for entertainment content they enjoy through the phone. The company will then put much effort into providing useful service and attractive content. If it offers great service and content, the cell phone company can charge high monthly payments and make a profit.

These two simple business models are familiar to ordinary consumers. But business models can also be very complex. They change and evolve over time as companies adapt to changes in the world. And sometimes a new business model will become successful before it is fully understood.

Q1: Which of the following can be inferred from the information in paragraph 1?
 (A) Some business models seem unfair to outsiders.
 (B) No company can succeed without a good business model.
 (C) Successful businesses are all based on the same model.
 (D) A business model must be written down before a company can operate.

Q2: The word "them" in the passage refers to:

One example of a simple business model is traditional manufacturing. A car manufacturer, for instance, pays workers to design good cars. The manufacturer buys steel, rubber, glass, plastic and other materials.

It pays workers to put these things together into cars. After that, its advertisers and sales staff try to sell the cars. If all goes well, people will like the cars, and will pay high prices for them. If they do so, then the manufacturer will succeed.

(A) cars
(B) other materials
(C) workers
(D) advertisers and sales staff

Q3: Look at the four squares [■] that indicate where the following sentence can be added to the passage.

It also pays parts suppliers for products like light bulbs, batteries and computer chips.

Where would the sentence best fit?

One example of a simple business model is traditional manufacturing. ■ A car manufacturer, for instance, pays workers to design good cars. The manufacturer buys steel, rubber, glass, plastic and other materials. ■ It then pays workers to put these things together into cars. After that, its advertisers and sales staff try to sell the cars. ■ If all goes well, people will like the cars, and will pay high prices for them. ■ If they do so, then the manufacturer will succeed.

Q4: Paragraph 3 supports which of the following statements about the subscription model?

(A) The subscription model is more successful than the manufacturing model.
(B) Cell phone services are the only example of this business model.

(C) The subscription model is a modified version of a more basic model.

(D) The model can succeed even if phones are sold at very low prices.

Q5: **The word "obligation" in the passage is closest in meaning to:**

When users get their phones, they sign a subscription contract. This is a written obligation to pay every month for the telephone services they use. They may also pay extra for entertainment content they enjoy through the phone. The company will then put much effort into providing useful service and attractive content. If it offers great service and content, the cell phone company can charge high monthly payments and make a profit.

(A) Will
(B) Example
(C) Promise
(D) Withdrawal

Q6:

Directions: An introductory sentence for the passage is provided below. Complete the summary by selecting the TWO answer choices that express the most important ideas in the passage. Some sentences do not belong in the summary because they express ideas that are not presented in the passage or are minor ideas in the passage.

This passage explains the basic idea and importance of business models.

Answer choices (choose 2 to complete the chart).

(1) A business model provides general ideas and strategies for

business activity.
(2) Parts suppliers, for instance, provide important items like light bulbs and batteries.
(3) Car manufacturing and cell phone services are two examples of familiar business models.
(4) In the subscription model, the main profit does not come from selling the product.

全訳　5. 説明文を読むための攻略法

ビジネスモデル

　どの企業も，基本理念と戦略の2つに基づいて経営を行う。企業理念や戦略の目的は，企業が最高の製品やサービスをベストな価格で提供し，これらを効率的に遂行できるようにすることにある。理念や戦略の構想は「ビジネスモデル」と呼ばれる。どの企業も，成功するためには優れたビジネスモデルが必要だ。

　シンプルなビジネスモデルをもつ企業の例の1つは，従来型の製造業である。例えば，自動車メーカーは報酬を支払って，よい車を設計してもらう。会社は鋼鉄，ゴム，ガラス，プラスチックなどの材料を購入する。次に，これらを組み立て，車を完成させるために従業員に賃金を支払う。それから，広告業者と営業員が車を売ろうと努力する。すべてがうまく行けば，人々はその車のことを気に入り，高いお金を払ってそれらを購入するだろう。お客がそうしてくれれば，メーカーは成功するのだ。

　よく知られたもう1つのビジネスモデルは，携帯電話業界に見られる。顧客がサービスについて加入契約をするところから，「サブスクリプションモデル」と呼ばれる。収益の大部分は携帯端末の売上ではなく，毎月の契約料の支払いである。このモデルでは，携帯電話会社は魅力的な端末を低価格で販売する。端末販売の主目的はそこで利益をあげることではない。目的はできるだけ多くのユーザーをひきつけることだ。実際，携帯端末はタダでもらえることすらある。

　ユーザーは携帯を買ったら，加入契約書にサインする。使用した電話サービスに対して毎月料金を支払うという，書面による取り決めである。また，加入者は携帯で得た娯楽のコンテンツにも追加料金を支払う場合がある。そこで，会社は便利なサービスや魅力あるコンテンツを提供しようと必死になるのだ。とびきりのサービスやコンテンツを提供すれば，会社は毎月高い使用料を請求でき，利益を得ることができるのだ。

　これら2つのシンプルなビジネスモデルは，一般消費者にもよく知られている。しかし，ビジネスモデルというものは非常に複雑な場合もある。企業が世界の変化に適応するのに合わせて，徐々に変化し，進化していくのだ。そのため，新しいビジネスモデルが，広く認知される前に成功を収めることもある。

Q1：第1段落の情報から推論できることは次のどれか？
(A) ビジネスモデルの中には，外部者には不公平に見えるものもある。
(B) 優れたビジネスモデルなしに成功する企業はない。

(C) 成功する企業はみな同じビジネスモデルに基づいている。
(D) ビジネスモデルを書き出さなければ，起業することはできない。

Q2: パッセージ中の them という語が指しているのは

シンプルなビジネスモデルをもつ企業の例の1つは，従来型の製造業である。例えば，自動車メーカーは報酬を支払って，よい車を設計してもらう。会社は鋼鉄，ゴム，ガラス，プラスチックなどの材料を購入する。次に，これらを組み立て，車を完成させるために従業員に賃金を支払う。それから，広告業者と営業員が車を売ろうと努力する。すべてがうまく行けば，人々はその車のことを気に入り，高いお金を払って**それら**を購入するだろう。お客がそうしてくれれば，メーカーは成功する。

(A) 車
(B) 他の材料
(C) 従業員
(D) 広告業者と営業員

Q3: 次の文をパッセージに挿入できる箇所を示す4つの［■］を見なさい。

それ（会社）は，電球や，バッテリー，コンピュータチップなどの部品納入業者にも代金を支払う。

この文はどこに挿入するのが適切か？

シンプルなビジネスモデルをもつ企業の例の1つは，従来型の製造業である。■例えば，自動車メーカーは報酬を支払って，よい車を設計してもらう。会社は鋼鉄，ゴム，ガラス，プラスチックなどの材料を購入する。*■次に，これらを組み立て，車を完成させるために従業員に賃金を支払う。それから，広告業者と営業員が車を売ろうと努力する。■すべてがうまく行けば，人々はその車のことが気に入り，高いお金を払ってそれらを購入するだろう。■お客がそうしてくれれば，メーカーは成功する。

Q4: サブスクリプションモデルについて第3段落が示すのは次のどの内容か？
(A) サブスクリプションモデルは製造業のモデルより成功している。
(B) 携帯電話サービスが，このビジネスモデルを有する唯一の例である。
(C) サブスクリプションモデルはもっと基本的なモデルが修正されたものだ。
(D) 携帯端末が非常に低価格で販売されても，このモデルは成功できる。

Q5：パッセージ中の obligation という語と意味が最も近いのは

ユーザーは携帯を買ったら，加入契約書にサインする。使用した電話サービスに対して毎月支払うという，書面による**取り決め**である。また，加入者は携帯で得た娯楽のコンテンツにも追加料金を支払う場合がある。そこで，会社は便利なサービスや魅力あるコンテンツを提供しようと必死になるのだ。とびきりのサービスやコンテンツを提供すれば，会社は毎月高い使用料を請求でき，利益を得ることができるのだ。

(A) 意志
(B) 例
(C) 約束
(D) 撤退

Q6：
指示文：このパッセージの導入文が以下に示されている。パッセージの要点を表す2つの選択肢を選んで文の要旨を完成させなさい。パッセージにない内容や関連性の薄いことを述べる文は選ばないこと。

このパッセージはビジネスモデルの基本理念やその重要性について説明している。

正しい選択肢を選びなさい（2つ選んで解答欄を埋めること）。
(1) ビジネスモデルは企業活動のための一般概念や戦略を示す。
(2) 例えば，部品業者は電球やバッテリーのような重要な品を提供する。
(3) 車の製造と携帯電話サービスの2つはよく知られたビジネスモデルだ。
(4) サブスクリプションモデルでは，主な収益は商品を売ることから来るものではない。

解 説

5. 説明文を読むための攻略法

【解答】
1. (B)　2. (A)　3. 2番目の■　4. (D)　5. (C)　6. (1)(3)

【解法】
Q1：〈 推測する問題 　段落の最初の文か最後の文に正解があることが多い！＋正解は言い換えられていることが多い！〉
★第1段落の情報から推論できることは次のどれかと問われている。

　第 1 段落の最後の文は Every company needs a good business model in order to succeed.（どの企業も成功するためには，よいビジネスモデルが必要だ）である。
　つまり，よいビジネスモデルなしに成功する企業がないことを意味するので正解は，(B) **No company can succeed without a good business model.** である。

Q2：〈 言葉の置き換えの問題 （代名詞の問題）　代名詞が指しているものは必ずその代名詞の前にある！＋ they は複数の物を指す！〉
★問題文中の them という語が意味するのは何かと問われている。

　If all goes well, people will like the cars, and will pay high prices for them.（すべてがうまく行けば，人々は車が気に入り，高いお金を払ってそれらを購入するだろう）とあるが，them の前にある複数形の名詞は people と cars である。People は will pay の主語なので，them が指しているのは (A) **cars** である。

Q3：〈 文を挿入する問題 　挿入文は代名詞や指示代名詞・副詞・定冠詞をヒントに正解を導き出せることが多い！⇒「それから」の意味をもつ then に注目！＋製造過程から販売までの基礎知識も正解を導き出す大きな助けとなる〉

　It also pays parts suppliers for products like light bulbs, batteries and computer chips.（それ［会社］は，電球や，バッテリー，コンピュータチップな

どの部品納入業者にも代金を支払う）がどこに入ればよいかが問われている。

　ヒントになるのは，also「…もまた」という副詞である。also があるため，直前の文も「会社が業者にお金を支払う」という内容になっていなければならない。そのため，The manufacturer buys steel, rubber, glass, plastic and other materials. の後に入るのが正しい。

　また，〈車の設計→材料の調達→パーツのサプライヤーへの支払い→工場での組み立て→営業活動〉という，自動車メーカーのビジネスモデルの基礎知識を援用すれば，もっと簡単に正解にたどりつけるだろう。

Q4：〈 要点を把握する問題　常識を働かせて正解を導き出すのも1つの攻略法である！〉
★サブスクリプションモデルについて，第3段落が示すのは次のどの内容かが問われている。

　要点把握の問題だが，段落の最初と最後だけを読んでも正解は出ないが，サブスクリプションモデルを理解できれば正解が導き出せる。

3行目 And most of the profit comes from monthly subscription payments, not from phone sales.（収益の大部分は携帯端末の売上ではなく，毎月の利用料金の支払いである）

4行目 In this model, the cell phone company sells attractive phones at low prices.（このモデルでは，携帯電話会社は魅力的な端末を低価格で販売する）

5行目 The main goal of phone sales is not to make a profit.（端末販売の主目的はそこで利益をあげることではない）

を読み取れれば正解を導き出せるが，選択肢だけを読み，常識を働かせることでも正解を導き出せる問題である。

　正解は，「携帯端末が非常に低価格で販売されても，このモデルは成功できる」という内容の（**D**）**The model can succeed even if phones are sold at very low prices.** である。

Q5：〈 類似語彙の問題　 TOEFLによく出る！ 　obligation → promise　知らない単語を推測しよう⇒単語の意味を知らなくても前後関係から類推できる！〉

This is a written obligation to pay every month for the telephone services they use. は，直前の subscription contract「加入契約書」の具体的説明になっている。contract「契約」とはそもそも何であるかを考えてみよう。「使用した電話サービスに対して毎月料金を支払うことを『約束』する」ということなので，正解

は「約束」を意味する（**C**）**Promise** である。
　（A）Will は「意志」，（B）Example は「例」，（D）Withdrawal は「引き上げ・撤退」を意味するので誤答である。

Q6：〈 要旨の完成問題 　段落の最初の文か最後の文に正解があることが多い！
　　　＋説明は One is ～．Another is ～．で示されている〉
★2つの選択肢を選んで問題文の要旨を完成させる問題である。

　第1段落の最後から2文目に This framework of ideas and strategies is called a "business model."（理念や戦略の構想は「ビジネスモデル」と呼ばれる）と書かれている。
　つまり，1つ目の正解は「ビジネスモデルは企業活動のための一般概念や戦略を示す」と書かれている（**1**）**A business model provides general ideas and strategies for business activity.** である。
　第2段落の最初の文に One example of a simple business model is traditional manufacturing. A car manufacturer, for instance, pays workers to design good cars.（シンプルなビジネスモデルをもつ企業の例の1つは，従来型の製造業である。例えば，自動車メーカーは報酬を支払って，よい車を設計してもらう）とある。
　そして，第3段落の最初の文に Another familiar business model can be seen in the cell phone business.（よく知られたもう1つのビジネスモデルは，携帯電話業界に見られる）と書かれている。このように，One... ／ Another... の形で2つの例が示されている。
　よって，正解は「自動車製造業と携帯電話サービス業の2つはよく知られたビジネスモデルだ」と書かれている（**3**）**Car manufacturing and cell phone services are two examples of familiar business models.** である。

重要語句をチェックしよう

- operate 経営を行う
- according to ~ ~に応じて
- strategy 戦略
- enable 目的語 to ~ (目的語に)~を可能にする
- provide 提供する
- efficiently 効率的に
- framework 構想
- succeed 成功する
- traditional 従来の
- manufacturing 製造業
- manufacturer 製造業者
- for instance 例えば
- steel 鋼鉄
- rubber ゴム
- material 材料
- put together 組み立てる
- advertisers 広告業者
- sales staff 営業スタッフ
- familiar 知られた
- subscription model 使用した部分を支払う課金制
- subscribe to a service サービスに加入契約をする
- monthly subscription payments 毎月の利用料金の支払い
- attractive phone 魅力的な端末
- at low prices 低料金で
- make a profit 利益を出すこと
- contract 契約書
- written obligation 書面の取り決め
- pay extra for entertainment content 娯楽のコンテンツ
- offers 提供する
- charge 請求する
- be familiar to ~ ~に知られている
- ordinary consumers 一般消費者
- evolve 進化する
- adapt to changes 変化に適応する

6 やってみよう！ 「1つの段落に1つのポイント」の攻略法

- 「1つの段落に1つのポイント」の攻略法ってなんですか？

- **1つの段落には，基本的に必ず「1つのポイント」が示されている**んだ。それを確実に押さえることが大切だよ！
  ちなみに，「**必要性（need）と需要（demand）が価格を左右する**」というのがパッセージ全体のテーマだよ。

- 需要と供給の法則，つまり，需要が供給を上回ると価格が上がることは知っています。でも，必要性と需要の違いがわかりません。

- これから読むパッセージに上がっている例を説明しておこうか。最近は，高価なペットボトル入りの水が人気を集めているよね。つまり「需要」があるわけだね。

- そうですね。でも，ペットボトル入りの水は，普通の水のように，「絶対に必要」なものではないですよね。

- そう，その「必要（性）」という言葉が大切なんだ。**需要（demand）が必要性（need）を上回った状態で「熱狂（fad）状態」が生まれ，価格の高騰が起こる**んだ。

- なるほど！ 需要と必要性の関係がよくわかりました！

- そして，第4段落では "buying and selling" つまり，"trade" の例として，400年前のオランダのチューリップ市場の話が出てくるよ。当時のオランダの消費者たちのチューリップに対する「熱狂」を見てみよう。

A Mania for Tulips

In this unit, we will look at ways in which market forces influence prices. Two of these market forces are most important: need and demand. These two factors are similar, and they are both related to the prices of products. But they differ in some very important ways.

The cost of water provides a good illustration. Every city must have a supply of clean, plain water. This is an example of a need. If the supply is stable, people will demand about as much water as they need. They will be willing to pay a price that seems reasonable. And the price will be stable when the supply is stable. But in some cases, people will pay 10, 50 or 100 times as much for small bottles of water that they feel is special. It may have a special reputation for improving health. And it may be sold in a special bottle that makes people feel wealthy or smart.

In this way, marketing techniques can create a consumer fad. Usually, a consumer fad happens when demand for an item becomes much greater than the need. The need for things like toys, fashion accessories and "special" water is naturally low. So these kinds of items are often at the center of a consumer fad.

Consumer fads are not new. They have been happening for as long as people have been buying and selling things. One of the earliest well-known consumer fads happened nearly 400 years ago. That was when the Netherlands first imported tulips. By 1636, the Dutch had fallen in love with these wonderful new flowers.

Initially, the market for tulips grew more active as gardeners bought, sold and traded their favorite varieties. The flowers soon became the focus of a general fashion fad among the wealthy. Then professional investors joined the action, and prices for the flowers went up and up. At one point, one of the most expensive tulips could cost as much as a house, or ten times the annual salary of a worker.

People do have a mild need for flowers. But in this case, the demand had become so far removed from the need that it led to an unstable situation called an economic "bubble." And like all economic bubbles, this one eventually burst. Tulip prices suddenly fell to levels that were more reasonable, and more closely related to need and supply. Fortunes were ended, but the Netherlands' lasting association with tulips had just begun.

Q1: In paragraph 2, why does the author mention that some people think bottled water is special?
   (A) To explain why demand can sometimes be greater than need
   (B) To suggest that prices will soon go down
   (C) To support statements made by marketers
   (D) To show why water must be clean and plentiful

Q2: Which of the following statements can be inferred from paragraph 4?
   (A) No consumer fads involving flowers were documented before 1636.
   (B) Consumer fads have been happening since commerce/trade began.
   (C) Consumer fads are less likely in an economy based on gold coin.
   (D) The Netherlands has a world-famous marketplace for imported flowers.

Q3: According to paragraph 5, all of the following statements are true about the tulip fad EXCEPT:
   (A) Some investors traded their homes for tulips.
   (B) It has had long-lasting effects in the Netherlands.
   (C) Tulip prices kept going up.
   (D) Professional investors joined the craze after the wealthy.

Q4: Paragraph 6 supports which of the following statements about economic activity?
   (A) Investors should be given strict rules to follow.
   (B) Low-risk investments usually bring low profit levels.
   (C) The Netherlands still produces the most popular tulip varieties.
   (D) When prices become far too high, they always come down again.

Q5: The word "it" in paragraph 6 refers to:

People do have a mild need for flowers. But in this case, the demand had become so far removed from the need that it led to an unstable situation called an economic "bubble". And like all economic bubbles, this one eventually burst. Tulip prices suddenly fell to levels that were more reasonable, and more closely related to need and supply. Fortunes were ended, but the Netherlands' lasting association with tulips had just begun.

(A) A mild need for flowers
(B) An economic bubble
(C) the demand
(D) an unstable situation

Q6:

Directions: An introductory sentence for the passage is provided below. Complete the summary by selecting the TWO answer choices that express the most important ideas in the passage. Some sentences do not belong in the summary because they express ideas that are not presented in the passage or are minor ideas in the passage.

This passage discusses fads involving consumer products.

Answer choices (choose 2 to complete the chart).
(1) A fad happens when demand for an item grows far beyond the need.
(2) A consumer fad can result in prices that are extremely high and unstable.
(3) High prices for water created a fad for healthy water.
(4) A fad is likely to occur when the supply becomes greater than the demand.

全訳 6.「1つの段落に1つのポイント」の攻略法

チューリップ・バブル

　この単元では，市場の動向が価格を左右するさまを考察する。市場動向の中では，とりわけ「必要性」と「需要」の2つが重要である。この2つの要素は類似しており，ともに商品価格に関係している。しかし，これらは本質的には異なっているのだ。

　水の価格がよい例である。自治体はどこでもきれいな真水を供給する義務がある。これが「必要性」の1つの例だ。水の供給が安定していれば，人々は必要なだけ水を求めるだろう。そして妥当であると思える料金を進んで払う。供給が安定すれば，価格も安定する。しかし時として，人々は，特別なものと感じる小さなボトル入りの水に10倍，50倍あるいは100倍の金を払うことがある。そのような水は，特に健康によいという評判があるものだったり，リッチでおしゃれな気分になる見栄えのいい特別製のボトルに入って売られている場合もある。

　こうしてマーケティングのテクニックが消費者の一時的な熱狂を生みだすのである。通常，消費者の熱狂は商品に対する需要が必要性を上回ったときに起こる。おもちゃやアクセサリー，「特別な」水などの「必要性」は，本来は低い。そして，このような商品が消費者の流行の的になることが多いのである。

　消費者の一時的熱狂は，今に始まったことではない。商品の売買が始まってから，このような現象はずっと起きていた。消費者が熱狂した例としてよく知られる出来事の中で最も古いものは，およそ400年前に起こった。オランダが初めてチューリップを輸入したときのことである。1636年までに，オランダ国民はこの新しくて素晴らしい花のとりこになってしまった。

　当初，チューリップ市場は，園芸家たちが自分の好きな品種を売買したり，交換したりすることで活性化していった。しかし，やがてチューリップは金持ちの間で上流社会の気まぐれ（流行）の対象として注目されるようになった。それからプロの投機家が参入すると，チューリップの価格は上がる一方だった。あるときなどは，最も高価なチューリップの1つには，家1軒分，すなわち労働者の年間給与の10倍もの値段がつけられた。

　たしかに，人々はある程度花を必要としている。しかしこの場合は，需要が必要性とかけ離れてしまったため，それは経済「バブル」と呼ばれる不安定な状態を招いてしまった。すべての経済バブルがそうであるように，オランダのバブルもついにはじけた。チューリップの価格は突然に，より相応なレベルまで下がり，必要性や供給状況と密に連動したものとなった。花の成功は終わりを迎えたが，オランダのチューリ

ップとの長い付き合いは始まったばかりだった。

Q1: 第2段落で，ボトル詰めの水が特別だと考える人がいると筆者が述べているのはなぜか？
(A) なぜ需要が必要性を上回ることがあるかを説明するため
(B) 価格がまもなく下がると思われることを示唆するため
(C) マーケティング担当者が述べたことを支持するため
(D) 水がきれいかつ十分になければならない理由を示すため

Q2: 第4段落から類推できるのは次のどの内容か？
(A) 1636年以前に，花に関連した消費者の一時的熱狂は記録されていない。
(B) 消費者の一時的熱狂は通商交易が始まってから時折起こる現象だ。
(C) 消費者の一時的熱狂は，金貨本位制経済ではそれほど起こらない。
(D) オランダには，輸入した花を扱う世界的に有名な市場がある。

Q3: 第5段落によれば，どれを除いて，すべてチューリップの爆発的流行に関して正しいことを述べているか。
(A) 家と引き換えにチューリップを手に入れる投資家もいた。
(B) それはオランダに長く影響を及ぼした。
(C) チューリップの価格は上がり続けた。
(D) 金持ちに続いて，プロの投資家も流行に乗った。

Q4: 経済活動について，第6段落が裏付ける内容は次のどれか？
(A) 投資家には従うべき厳しい規則を与えるべきだ。
(B) リスクの少ない投資は，一般に利益レベルも低いものだ。
(C) オランダは，いまでも最も人気の高いチューリップの品種を生産している。
(D) 価格というものは上がりすぎると，必ずまた下がる。

Q5: 第6段落の it という語が指しているのは

たしかに，人々はある程度花を必要としている。しかしこの場合は，需要が必要性とかけ離れてしまったため，それは経済「バブル」とよばれる不安定な状態を招いてしまった。すべての経済バブルがそうであるように，オランダのバブルもついにはじけた。チューリップの価格は突然に，より相応なレベルまで下がり，必要性や供給状況と密に連動したものとなった。花の成功は終わりを迎えたが，オランダのチューリ

ップとの長い付き合いは始まったばかりだった。

(A) ある程度は花を必要としていること
(B) 経済バブル
(C) 需要
(D) 不安定な状況

Q6：
指示文：このパッセージの導入文が以下に示されている。パッセージの要点を表す2つの選択肢を選んで文の要旨を完成させなさい。パッセージにない内容や関連性の薄いことを述べる文は選ばないこと。

このパッセージは消費者向け商品の一時的な流行について論じている。

正しい選択肢を選びなさい（2つ選んで解答欄を埋めること）。
(1) 一時的な流行は，商品に対する需要が必要性を大きく上回ったときに起こる。
(2) 消費者の一時的な熱狂は価格の高騰と不安定をもたらす。
(3) 水に高値をつけると，健康によい水とブームになった。
(4) 供給が需要を上回ったときに一時的な流行が起こりやすい。

解説

6.「1つの段落に1つのポイント」の攻略法

【解答】
1. (A)　2. (B)　3. (A)　4. (D)　5. (C)　6. (1) (2)

【解法】
Q1：〈筆者の意図を問う問題　demand「需要」とneed「必要性」の関係をしっかりつかもう！〉
★第2段落で，ボトル詰めの水が特別だと考える人がいると筆者が述べている理由が問われている。

　第2段落に，ボトル詰めの水に購入者が何十倍もの代金を支払うことが書かれている。そして第3段落の第1文と第2文で，In this way, marketing techniques can create a consumer fad. Usually, a consumer fad happens when demand for an item becomes much greater than the need.（こうしてマーケティングのテクニックが消費者の一時的な熱狂を生みだすのである。いつも消費者の熱狂は商品に対する需要が必要性を上回ったときに起こる）と書かれている。つまり「需要が必要性を上回る理由を説明するため」に述べられているので，正解は(A) **To explain why demand is greater than need.** である。

Q2：〈推測する問題　段落の最初の文か最後の文に正解があることが多い！＋正解は言い換えられていることが多い！　**TOEFLによく出る**　buying and selling「売買」→ trade「物々交換」〉
　「1つの段落に1つのポイント」の問題だよ
★第4段落から推測できるのは何か問われている。

　第1文にConsumer fads are not new. They have been happening for as long as people have been buying and selling things.（消費者の一時的熱狂は，今に始まったことではない。商品の売買が始まってから，このような現象はずっと起きていた）と書かれている。これがこの段落のポイント。
　このbuying and selling（売買）は，tradeに言い換えられている。(B) **Consumer fads have been happening since trade began.**（消費者の一時的

熱狂は通商交易[物々交換]が始まってから時折起こる現象だ)が正解。

Q3：〈 内容不一致の問題　慎重に読もう 〉
★第5段落で，チューリップの流行について真実でない内容はどれかと問われている。

　第5段落の最後の文で At one point, one of the most expensive tulips could cost as much as a house（一番高いチューリップは，家1軒の値がつくまで値段が上昇した）と書かれているが，これは「チューリップの値段が高騰した」と言っているだけであって，「家と引き換えにチューリップを手に入れる投資家もいた」とはどこにも書かれていない。つまり，(**A**) **Some investors traded their homes for tulips.** は本文の内容と一致しない。

Q4：〈 内容一致の問題　正解は言い換えられていることが多い！＋ eventually「結果的には」に注目しよう！〉
★第6段落は，以下の経済活動に関する記述のうち，どれを裏付けているかが問われている。

　第6段落の第3文に And like all economic bubbles, this one **eventually burst**.（すべての経済バブルがそうであるように，このバブルも結局崩壊してしまった）と書かれている。そして，第4文には Tulip prices suddenly fell to...（チューリップの価格が…まで下がった）と書かれている。つまり，「バブルは必ず崩壊し，物価は再び下がる」という内容になっているので，(**D**) **When prices become far too high, they always come down again.**（価格というものは上がりすぎると，必ずまた下がる）が正解。正解文では fell to... が came down に書き換えられている。

Q5：〈 言葉の置き換えの問題（代名詞の問題）　it は「the ＋名詞」，一度出てきた単語，または前にある文を指す！〉
★第6段落の it が指しているものは何かと問われている。

　But in this case, the demand had become so far removed from the need that **it** led to an unstable situation called an economic "bubble".（しかしこの場合は，需要が必要性とかけ離れてしまったため，それは経済「バブル」と呼ばれる不安定な状況を招いてしまった）の中の it が何を指しているかを問う問題。it は，基本的には直前に出てきた単語を指すので，文の前半にある（**C**) **the demand** を

選ぶことができる。また，意味の上からも「経済バブルを引き起こしたものは何か」を考えてみれば，正解（「需要」）にたどり着けるはずだ。

Q6：〈 要旨の完成問題　正解は言い換えられていることが多い！ lead to 〜「〜を導く」→ result in 〜「〜という結果になる」＋逆接を示す But や However に続く文に正解があることが多い！〉
★2つの選択肢を選んで文の要旨を完成させる問題である。

第3段落および第6段落のそれぞれのポイントを確実に押さえよう。
　まず，第3段落の第2文に Usually, a consumer fad happens when demand for an item becomes much greater than the need.（通常，消費者の熱狂は商品に対する需要が必要性を上回ったときに起こる）とあるので，これを言い換えている（**1**）**A fad happens when demand for an item grows far beyond the need.**（一時的な流行は，商品に対する需要が必要性を大きく上回ったときに起こる）をまず選ぼう。
　また，第6段落の2行目 But in this case, the demand had become so far removed from the need that it led to an unstable situation called an economic "bubble".（しかしこの場合は，需要が必要性とかけ離れてしまったため，それは経済「バブル」と呼ばれる不安定な状態を招いてしまった）とほぼ同じ意味を表している，（**2**）**A consumer fad can result in prices that are extremely high and unstable.**（消費者の一時的な熱狂は価格の高騰と不安定をもたらす）も正解になる。lead to... が，result in... に言い換えられていることに注意しておこう。

重要語句をチェックしよう

- [ ] market forces 市場の動向　□ influence 影響を与える（左右する）
- [ ] need and demand 必要性と需要　□ factor 要素　□ similar 類似している
- [ ] be related to ～ ～に関連する　□ illustration 例　□ supply 供給
- [ ] plain water 真水　□ stable 安定している　□ demand 要求する
- [ ] be willing to ～ 進んで～する　□ reasonable 妥当な
- [ ] reputation 評判　□ improve health 健康状態をよくする
- [ ] wealthy 裕福な　□ consumer fad 消費者の（一時的な）熱狂　□ item 商品
- [ ] fall in love with ～ ～のとりこになる　□ initially 最初は
- [ ] traded 売買する　□ investor 投資家
- [ ] join 参入する　□ annual salary 年収
- [ ] become removed from ～ ～からかけ離れる
- [ ] lead to ～ ～という状態を招く　□ eventually 結果的には　□ burst はじける
- [ ] reasonable ほどよい　□ fortunes 成功（運）
- [ ] association with ～ ～との関係

挑戦! TOEFL実力テスト

> いよいよ，仕上げの実力問題！ 難しい単語もたくさん出てくるよ。それにしても，天体望遠鏡で宇宙を眺めるのってロマンチックだよね。天体観測は，南極大陸（Antarctica）から行うのがベストなんだけど，なぜだかわかる？
>
> う～ん，空気が乾燥してるからですか？
>
> その通り！ 他に，ハワイやチリなども，空気が乾燥しているために，天体観測に適しているんだよ。ところで，宇宙空間に打ち上げられたハッブル宇宙望遠鏡のほうが，ずっと好条件で天体観測ができるのに，なぜ今，南極が脚光を浴びているんだと思う？
>
> う～ん，わかりません…。
>
> たとえ南極であっても，宇宙に比べれば，設置維持のコストがずっと安いし，十分鮮明な画像を得ることができるからだよ。ひょっとして，苦手な分野なのかな？ **苦手意識は捨てちゃおう！**

Colder, Clearer, Calmer

Astronomers have always been interested in finding places where the air is calmest and driest. It's only natural that they want the clearest view of the sky possible. A recent study has indicated that a mountain ridge in Antarctica provides a clearer view of the sky than any other place on earth.

When the air contains more water, there are more clouds. And wind can also blur the view of the stars as seen from a telescope. So astronomers have often placed their telescopes on the tops of mountains, above most of the moisture and wind. Mountaintops in Hawaii and Chile have often been chosen for this reason, and because these places are not too inaccessible.

Recently, however, scientists have done a thorough search and comparison of locations all over the world to find the calmest, clearest sky of all. The Antarctic location they found is 4,050 meters high. The average temperature during the winter months is -70 degrees Celsius. The cold is important, since extremely cold air is usually extremely dry. So the Antarctic location is the ideal spot for a telescope.

But traveling to and living in Antarctica is more expensive than going to Hawaii or Chile. And there is already a telescope in an even dryer place with no air at all: the Hubble Space Telescope. This telescope was put into space about 600 kilometers above the Earth's surface by the U.S. Space Shuttle. For many years, it has been producing the clearest pictures of the stars. So why go all the way to Antarctica to use new telescopes?

The new Antarctic location has important advantages. Even though it is more expensive and difficult to access than Hawaii or Chile, one of its advantages is still the cost. The Hubble Space Telescope costs billions of dollars to build and maintain. A telescope located in Antarctica will cost millions. There is only one Hubble Space Telescope, and it is difficult to repair and almost impossible to replace. By contrast, many telescopes can be placed in the new Antarctic location. And each one can be made three or even four times as powerful as the Hubble Space Telescope. The result may be pictures of a quality as good or possibly better than those produced by the Hubble Space Telescope. Telescopes in Antarctica will probably also be able to produce pictures three or four times clearer than telescopes in Hawaii or Chile.

In the coming years, we can expect to see more exciting pictures of outer space from telescopes in Hawaii and Chile, as well as from 600 kilometers above the ground. But we are also likely to see some even clearer pictures from telescopes placed in the one observation spot on Earth with the calmest, driest air.

Q1: Look at the four squares [■] that indicate where the following sentence can be added to the passage.

The reason for this is simple.

Where would the sentence best fit?

Astronomers have always been interested in finding places where the air is calmest and driest. ■ It's only natural that they want the clearest view of the sky possible. ■ A recent study has indicated that a mountain ridge in Antarctica provides a clearer view of the sky than any other place on earth.

When the air contains more water, there are more clouds. ■ And wind can also blur the view of the stars as seen from a telescope. ■ So astronomers have often placed their telescopes on the tops of mountains, above most of the moisture and wind. Mountaintops in Hawaii and Chile have often been chosen for this reason, and because these places are not too inaccessible.

Q2: Which of the following statements can be inferred from paragraph 3?
  (A) Scientists still disagree about whether satellites should be used.
  (B) The recent search for a telescope location was the most thorough ever.
  (C) Several telescopes were placed in Antarctica in the early 20th century.
  (D) Money is being raised for a study of locations in the northern Arctic Circle.

Q3: The word "inaccessible" in paragraph 2 is closest in meaning to:

When the air contains more water, there are more clouds. And wind can also blur the view of the stars as seen from a telescope. So astronomers have often placed their telescopes on the tops of mountains, above most of the moisture and wind. Mountaintops in Hawaii and Chile have often been chosen for this reason, and because these places are not too inaccessible.

(A) Expensive to maintain
(B) Hard to imagine
(C) Time-consuming to complete
(D) Difficult to reach

Q4: In paragraph 4, why does the author mention the Space Shuttle?

(A) To explain how the Hubble Space Telescope was put in place
(B) To suggest objects that can be studied by telescopes on earth
(C) To imply that other countries are eager to put their own telescopes in space
(D) To recommend less expensive alternatives to locations in Hawaii and Chile

Q5: According to paragraph 5, all of the following statements are true about the Antarctic location EXCEPT:

(A) It is less expensive than sending telescopes like the Hubble Space Telescope into space.
(B) It provides a clearer view of the stars than most other mountain locations.
(C) It is more difficult to reach and use than locations in Chile.
(D) It will probably result in the elimination of the Hubble Space Telescope.

Q6: Which of the sentences below best expresses the main idea of the highlighted sentence in the passage?

In the coming years, we can expect to see more exciting pictures of outer space from telescopes in Hawaii and Chile, as well as from 600 kilometers above the ground. But we are also likely to see some even clearer pictures from telescopes placed in the one observation spot on Earth with the calmest, driest air.

(A) The extreme cold of Antarctica makes it a difficult place for astronomers to work.
(B) Older telescopes in existing locations will continue to produce interesting pictures.
(C) The most exciting pictures of stars have always come from satellite telescopes.
(D) Hawaii is increasingly favored over Chile as a location for telescopes.

全訳

より寒く，より透明で，より穏やかな

　天文学者は常に，最も風が穏やかで空気が乾燥した場所を探すことに関心を寄せてきた。彼らはただとびきり澄んだ空を求めているのだ。最近の調査で，地球で最も済んだ空は，南極大陸の山の上で見られるということがわかった。

　大気中の水分が多くなれば，それだけ雲が発生しやすくなる。風もまた，望遠鏡で星を見るときに視界を曇らせる要因となる。そこで多くの場合，天文学者は，ほとんどの湿気や風を避けられる山の頂上に望遠鏡を設置してきた。しばしばハワイやチリの山頂が選ばれたのはこのためだが，アクセスが難しすぎないことも理由の1つだ。

　しかし，最近科学者が世界のあらゆる地域を徹底的に調査し比較した結果，最も風が少なく澄んだ空がある場所を見つけた。南極大陸のその場所は海抜4050メートル。冬期の平均気温は摂氏−70度だ。この寒気が重要である。というのも，極端に冷たい空気は，通常，非常に乾燥しているからだ。そのため，南極は望遠鏡観測にとって理想的なスポットと言えるのである。

　だが南極まで行くことやそこに住むことは，ハワイやチリに行くよりも費用がかかる。また，南極よりもずっと乾燥して空気のまったくない場所に，すでに1台の望遠鏡が設置済みだ。それがハッブル宇宙望遠鏡である。この望遠鏡はアメリカのスペースシャトルによって地上およそ600キロに設置され，それから何年にもわたり，空の星の最も鮮明な画像を送り続けている。さてそれならば，わざわざ南極まで出かけて新しい望遠鏡を使う必要があるだろうか。

　南極に新たに発見されたその地点には大きな利点がある。ハワイやチリより費用がかさむ上にアクセスも難しいが，それでも強みの1つはコストなのである。ハッブル宇宙望遠鏡は設置して維持していくために何十億ドルを要する。一方，南極に設置する望遠鏡の費用は数百万ドルで済むだろう。ハッブル望遠鏡はたった1つしか存在せず，修理は困難で，取り換えはほとんど不可能だ。これに対して，新しい南極の地では複数の望遠鏡の設置が可能である。さらに個々の望遠鏡は，ハッブル宇宙望遠鏡と比べて3倍あるいは4倍ほども高性能のものを使うことができる。そうなれば，現在ハッブル望遠鏡が提供している画像と同等の美しさ，あるいはそれより上質のものが得られるというわけだ。また，南極に望遠鏡が設置されれば，ハワイやチリの望遠鏡と比べて，3倍も4倍も鮮明な画像を得ることができるかもしれない。

　私たちは今後も引き続き，ハワイやチリの望遠鏡から送られる素晴らしい宇宙の写

真を見ることができるだろうし，地上 600 キロの地点からも同様の画像を期待できる。しかし，これからはまた，地球上で最も風が穏やかで乾燥した観測地の望遠鏡から届く，さらに鮮やかな画像も見ることになりそうだ。

Q1: 次の文をパッセージに挿入することができる箇所を示す4つの[■]を見なさい。

その理由は簡単なものだ。

この文はどこに挿入するのが適切か？

天文学者は常に，最も風が穏やかで空気も乾燥した場所を探すことに関心を寄せてきた。*■彼らはただとびきり澄んだ空を求めているのだ。■最近の調査で，地球で最も澄んだ空は，南極大陸の山の上で見られるということがわかった。

大気中の水分が多くなれば，それだけ，雲が発生しやすくなる。■風もまた，望遠鏡で星を見るときに視界を曇らせる要因となる。■そこで多くの場合，天文学者は，ほとんどの湿気や風を避けられる山の頂上に望遠鏡を設置してきた。ハワイやチリの山頂が好まれるのはこのためだが，アクセスが難しすぎないことも理由の1つだ。

Q2: 第3段落から類推される内容は次のどれか？
(A) 人工衛星を利用すべきかどうかについて科学者の意見がいまだに一致していない。
(B) 望遠鏡の設置場所についての最近の調査はかつてないほど徹底的に行われた。
(C) 南極には20世紀初めにいくつかの望遠鏡が設置された。
(D) 北極圏北部の観測地点を調査するため資金が集められている。

Q3: 第2段落の inaccessible という語と意味が最も近いのは
　大気中の水分が多くなれば，それだけ雲が発生しやすくなる。風もまた，望遠鏡で星を見るときに視界を曇らせる要因となる。そこで多くの場合，天文学者は，ほとんどの湿気や風を避けられる山の頂上に望遠鏡を設置してきた。しばしばハワイやチリの山頂が選ばれたのはこのためだが，**アクセスが難しすぎない**ことも理由の1つだ。
(A) 維持費が高い
(B) 想像しにくい
(C) 完成するのに時間がかかる
(D) 到着し難い

Q4：第4段落で，筆者がスペースシャトルに言及しているのはなぜか？
(A) ハッブル宇宙望遠鏡がどのように設置されたかを説明するため
(B) 地上に設置された望遠鏡で観測できる物体を示唆するため
(C) 他の国が宇宙に自前の望遠鏡を置きたがっていることをほのめかすため
(D) ハワイやチリに代わる選択肢としてより費用のかからない場所を推薦するため

Q5：第5段落によれば，南極の地に関する以下の記述のうち，正しくないものはどれか。
(A) ハッブル宇宙望遠鏡のように宇宙に望遠鏡を打ち上げるより，費用がかからない。
(B) ほとんどの他の山よりも，鮮明に星の画像を提供する。
(C) チリに比べ，アクセスも利用も難しい。
(D) それはおそらくハッブル宇宙望遠鏡の撤去という結果を招くだろう。

Q6：パッセージ中のハイライトされたセンテンスの趣旨を最もよく表現している文は以下のどれか。

　私たちは今後も引き続き，ハワイやチリの望遠鏡から送られる素晴らしい宇宙の写真を見ることができるだろうし，地上 600 キロの地点からも同様の画像を期待できる。しかし，これからはまた，地球上で最も風が穏やかで乾燥した観測地の望遠鏡から届く，さらに鮮やかな画像も見ることになりそうだ。

(A) 南極は極端に寒いため天文学者が作業するのは困難である。
(B) 既存の観測地にある昔からの望遠鏡は引き続き興味深い画像を送ってくるだろう。
(C) 最も美しい星の画像は，常に宇宙望遠鏡から得られてきた。
(D) 望遠鏡の設置場所として，チリよりもハワイがますます好まれる傾向にある。

解説

TOEFL 実力テスト

【解答】
1. 1番目の■ 2.（B） 3.（D） 4.（A） 5.（D） 6.（B）

【解法】
Q1：〈 文を挿入する問題　挿入文は代名詞や指示代名詞・副詞・定冠詞をヒントに正解を導き出せることが多い！〉
★ The reason for this is simple. をパッセージのどこに挿入するべきかが問われている。

The reason for this... と，指示代名詞 this が使われているので，この指示代名詞が指す内容が「前」に来ていなければならない。

次の①と②の文を読んでみよう。① Astronomers have always been interested in finding places where the air is calmest and driest.（天文学者は常に，最も風が穏やかで空気も乾燥した場所を探している）／② It's only natural that they want the clearest view of the sky possible.（彼らはただとびきり澄んだ空を求めているのだ）。

②は，①の理由を示していることがわかる。①と②の間に The reason for this is simple. を挿入すると，「①の理由はシンプルで，以下に示す②である」ということになり，文脈の流れに合致する。よって，挿入文 The reason for this is simple.（その理由は簡単なものだ）は**②の前に入るのが正しい**。

Q2：〈 推測する問題　段落の最初か最後の文に正解があることが多い！＋逆接を示す But や However の文に続く文に正解があることが多い！〉〔P.250 参照〕
★第 3 段落から類推される内容はどれかと問われている。

第 3 段落の 1 文目に Recently, however, scientists have done a thorough search and comparison of locations all over the world to find the calmest, clearest sky of all.（しかしながら，最近科学者が世界のあらゆる地域を徹底的に調査し比較した結果，最も風が少なく澄んだ空のある場所を見つけた）と書かれている。これを言い換えている，(B) **The recent search for a telescope location** was the most thorough ever.（望遠鏡の設置場所についての最近の調査はかつてないほど徹底的に行われた）が正解。逆接の接続副詞の however は，「話の流れが変わること」，つまり「これから重要なことを述べる」ということを示すマーカーであり，その段落のキーポイントになるということを確認しておこう。

　なお，（A）（C）については述べられていないので誤答。（D）については南極は望遠鏡観測に理想的なスポットといえるが，20世紀初めにいくつかの望遠鏡が設置されたとは書かれていないので誤答である。

Q3：〈 類似語彙の問題　知らない単語を推測しよう⇒単語の意味を知らなくても前後関係から類推できる！　TOEFLによく出る！　inaccessible → difficult to reach 〉
★第2段落の inaccessible に意味が最も近いのは何かと問われている。

　locations「場所」に関する話題になっていることを念頭において，前後関係などを利用して，意味を推測してみよう。
　最近では日本語でも「アクセスが悪い」などという言い方をすることがあるが，access とは「そこまで行く」「近寄る」という意味である。in- は打ち消しの接頭辞，-ble は「可能」を表す接尾辞であるため，inaccessibleは「近寄れない」「そこまで行くのが難しい」という意味になる。正解は（D）**Difficult to reach** である。

Q4：〈 筆者の意図を問う問題　U.S. Space Shuttle の文を注意して読もう！〉
★第4段落で，筆者が U.S. Space Shuttle（スペースシャトル）について述べている理由が問われている。

　「ハッブル宇宙望遠鏡」がスペースシャトルによって宇宙に設置されたということを知っていれば，自然と答えはわかるだろう。この段落の第3文にも，This telescope was put into space about 600 kilometers above the Earth's surface by the U.S. Space Shuttle.（この望遠鏡はアメリカのスペースシャトルによって地上およそ600キロに設置された）と，「ハッブル宇宙望遠鏡がアメリカのスペースシャトルによって設置された」ということが明示してある。正解は（**A**）**To explain how the Hubble Space Telescope was put in place**（どのようにハッブル宇宙望遠鏡が設置されたかを説明するため）である。
　（B）（C）はどこにも書かれていないので誤答。（D）は段落の冒頭に「南極はハワイやチリより費用がかかる」と書かれているので誤答である。

Q5：〈 内容不一致の問題　事実を慎重に読もう＋想像で読まない！〉
★第5段落で南極の地について真実でないのは何かと問われている。

　（A）は第3文，（B）は最後の文，（C）は第2文に，それぞれ内容が述べられている。しかし，ハッブル宇宙望遠鏡の「撤去」の話など，どこにも出てこない。よって正解は，(**D**) **It will probably result in the elimination of the Hubble Space Telescope.** である。

Q6：〈 文の意味を問う問題　正解は言い換えられていることが多い！ expect to〜「〜することを期待する」→ continue to〜「〜し続ける」〉
★パッセージ中のハイライトされたセンテンスの趣旨を最もよく表現している文はどれかと問われている。ハイライトされた部分を熟読しよう。

　In the coming years, we can expect to see more exciting pictures of outer space from telescopes in Hawaii and Chile, as well as from 600 kilometers above the ground.（私たちは今後も，ハワイやチリの望遠鏡から送られる素晴らしい宇宙の写真を見ることができるだろうし，地上600キロの地点からも同様の画像を期待できる）の内容をうまく言い表しているのは，「既存の観測地にある昔からの望遠鏡は引き続き興味深い画像を送ってくるだろう」を意味する (**B**) **Older telescopes in existing locations will continue to produce interesting pictures.** である。telescopes in Hawaii and Chile → older telescopes に言い換えられている。また，Hawaii and Chile という具体的な地名は，existing locations と置き換えられている。

重要単語をチェックしよう

- □ **astronomer** 天文学者　□ **calm** 穏やかな　□ **recent study** 最近の調査
- □ **indicate** 示す　□ **mountain ridge** 山の上　□ **Antarctica** 南極地方
- □ **provides** 提供する　□ **contain** 含む　□ **blur** 曇らせる
- □ **telescope** 望遠鏡　□ **moisture** 湿気　□ **inaccessible** アクセスしにくい
- □ **do a thorough search** 徹底的な調査をする　□ **comparison** 比較
- □ **Antarctic** 南極大陸　□ **extremely** 特に　□ **advantage** 利点
- □ **billion** 10億の　□ **repair** 修理する　□ **replace** 取り換える
- □ **by contrast** 比較すると，それに比べ　□ **outer space** 宇宙

Chapter 2

リスニング・セクションの攻略法

TOEFL リスニングを知ろう！

　従来の英語の試験と TOEFL iBT リスニングには，大きな違いがあります。前者は「きれいな英語」を聞き取るテストですが，後者は「いかにも考えながら話しているような言いよどみ」「言い直し」，そして場合によっては「話の脱線」などが含まれています（学習者に配慮して，本書の CD では言いよどみや言い直しは修正してあります）。また，TOEFL iBT リスニングの設問には，話し手が暗に示した微妙な心理について問われるという特徴もあります。

　このように，リスニングセクションで求められるレベルが「進化」した分，試験自体のハードルが高くなったと感じている人も多いでしょう。しかし，この 2 点の備わった TOEFL iBT リスニングの勉強で鍛えれば，実際に留学したときに，日常会話や学校の講義はもちろんのこと，人間関係などにおいても必ず役立ち，大いに助けられることでしょう。

　また，問題を解いている最中には，画面上で話し手の様子が見られるのも臨場感があります。また，1 問ずつでなく大問のセットごとに制限時間が定められているため，自分なりにペースの配分ができるのも嬉しいですね。内容は北アメリカでのキャンパスで実際に耳にすることができる会話や講義が中心になっているので，留学準備や自然な英語でのコミュニケーションを身につけるのにとても役立ちます。

　このテストでキャンパス英語を「バーチャル体験」しましょう！

TOEFL リスニングの出題形式と内容

　TOEFL リスニングは合計 60 〜 90 分で会話と講義に分かれています。
　テスト会場で配布されるメモ用紙に鉛筆でメモを随時取ることは許可されています。
　制限時間は会話 1 つと講義 2 つを 1 セットとし，聞き取り部分の時間はカウントされず解答時間のみの合計が 10 分以内という時間制限が設けられ，そのセットパターンが 2 回繰り返されます。
　従来と同じく 4 つの選択肢から 1 つを選ぶマルチプルチョイス形式が多いですが，中には正解 2 つを選択するものや，チャートを埋めていくもの，そして要約能力を求められるタイプの設問もあります。　　　　　　　　　　（2010 年 4 月時点）

会話形式	
状況	学生同士または学生と教師／キャンパススタッフなど
内容	学生同士の勉強会，教師の指導，大学生活に関してなど
数量	2〜3本の約3分の会話　それぞれに5つの設問

講義形式	
状況	講義（教師のみが話しているものと学生との対話があるものがある）
内容	大学の基礎課程程度（事前の科目知識はないことを前提）
数量	4〜6本の3〜5分の講義　それぞれに6つの設問

TOEFLリスニングの練習問題に入る前に

この本のリスニング練習問題は，**実際の試験の半分くらいの長さ**だよ。だから，入門者にもピッタリで，バッチリ傾向がつかめるよ！　まず，リスニング問題では**9つの出題パターン**を見極めよう！
あらかじめ，どんな設問が出るか知っておけば，心構えができるからね。

リーディング同様，リスニングにも出題パターンがあるんですね。

でも，リーディングのようにすべての設問がパターンにあてはまるというわけではないんだ。また，出題パターンのうち，「詳細を問う問題」は非常に数が多いので，解説では詳細を問う問題という表示は入れてないからね。

TOEFLリスニングの出題パターン分析

1. **主題を把握する問題**
   主に何に関する授業なのかを問う設問。
   設問例：What is the lecture about?（何についての講義か？）
   　　　　　What is the class most likely about?（何についての授業と思われるか？）

2. **話者の意見を聞く問題**
   発話者が何を考えているのかを問う設問。
   設問例：What does the professor think about the student's paper?
   　　　　　（教授は学生の課題論文についてどう思っているか？）

3. 事実を問う問題

聞いた内容から判断できる「客観的事実」について答える問題。キーワードをきちんと聞き取れれば、確実に解ける設問である。

設問例：When does the conversation most likely take place?
（この会話はいつ行われている可能性が高いか？）
Where does the conversation most likely take place?
（この会話はどこで行われている可能性が高いか？）

4. 推測する問題

話の内容から推測して、正しい選択肢を選ぶ設問。

設問例：According to the conversation, what can be inferred about extra credit?
（話によるとエクストラクレジットについて何が推測できるのか？）

5. 話者の行動の目的を聞く問題

Why...?「なぜ…するのか？」の形になっているパターンが多く、いろいろな動詞が使われる。

設問例：Why does the student visit the professor?
（学生はなぜ教授を訪ねているのか？）

6. 発話の目的を聞く問題

Why does XXX mention...?という形になることが多い。話者が講義や会話の中で、なぜその話題を持ち出しているかを問う設問である。

設問例：Why does the speaker mention book reading?
（なぜ話し手は読書について言及しているのか？）
Why does the professor mention nuclear power plants?
（なぜ教授は原子力発電所について触れているのか？）
What does the professor imply when he says this?
（教授の次の発言は、何を意図しているか？）

7. 内容一致の問題

問題文の内容にあてはまる選択肢を選ぶ設問。

設問例：According to the lecture, what is true about the history book?
（講義によると、歴史の本に関していえることは何か？）

8. 内容不一致の問題

問題文の内容にあてはまらない選択肢を選ぶ設問。

設問例：Which of the following is NOT correct about Adolf Hitler?
（アドルフ・ヒトラーについて正しくない記述は次のうちどれか？）

9. まとめを問う問題

設問例：What does the instructor say about the study group? Choose 2 answers.
（講師は勉強会について何と言っているか？ 2つ選ぶこと）

選択肢例：

(A) The members can learn from smart students.
（参加者は，優秀な学生から学ぶことができる）

(B) Foreign students shouldn't feel shy about joining.
（留学生は参加することをためらうべきではない）

(C) It is initiated by students.
（学生たちの主導である）

(D) It is held during her class.
（クラス時間内に行われる）

設問例：Indicate which of the statements below are advised by the instructor.
（以下の記述のうち，講師が助言したものはどれかを示しなさい）

解答例

	YES	NO
Voice-record the lectures for better review （後で復習しやすいように，講義を録音する）		✓
Obtain online visual materials （オンラインの視覚教材を入手する）		✓
Be a good note taker（ノートをきちんと取る）	✓	
Join the study group（勉強会に参加する）	✓	

このように，表に✓を入れて解答する。

TOEFL リスニングのストラテジー7か条

共通ストラテジー
❶正解は言い換えられていることが多い！

主題を把握する問題
❷冒頭部に注意して聞くと正解が導き出せることが多い！
（現在の状況やこれから扱うトピックが集約されていることが多い）
❸冒頭に講義の主題が述べられていることが多い！
（講義の問題では主題に関する問題は第一問目にあることが多い）
❹講義の主題・科目はキーワードをつなぐと推測できる場合もある！

話者の行動の目的を聞く問題
❺教授のオフィスアワーでの学生との対話は，1問目で会話の目的が問われるパターンが多い！

その他いろいろ
❻講義の聞き取りでは，話し手がやさしく言い換えたり，説明を添えている部分を聞き取ることが重要！　やさしい表現へ言い換える場合，that is to say（つまり），or（または），in other words（言い換えると）などの表現が使われたり，少しポーズが置かれることが多い。
❼設問文の主語の言葉に正解があることが多い！（例外あり）

🧑 「冒頭に講義の主題が述べられていることが多い！」とありますが，これはどうしてでしょうか？

👨‍🏫 実際の授業を思い浮かべてみよう。**授業の冒頭で「今日学ぶこと」についての説明があるよね？**

🧑 たしかにそうですね。でも，「**講義の主題・科目はキーワードをつなぐと推測できる場合もある！**」ともありますが…。具体的にはどういうことですか？

👨‍🏫 だって，「さあ，美術史の授業を始めます」なんて当たり前のことは，授業の冒頭で言わないことも多いでしょ？　でも，例えば painting「絵画」や expressionism「表現主義」などのキーワードが聞き取れれば，art history「美術史」の講義だということが推測できるよね。
ところで，この TOEFL のリスニングの勉強は，講義の聞き取りの大変いい準備になるんだ。講義では，**難しい概念に補足説明を加えたり，難しい単語を言い換えたりすることがよくある**けど，そんなときにはどのような表現が使われるかわかる？

🧑 **that is to say**（つまり），**or**（または），**in other words**（言い換えると）などですか？

👨‍🏫 その通り！　それに，少しポーズを空けて言い換えることもあるよ。

🧑 これは留学先で授業を受けるときに役立ちそうです。左ページの 7 か条を覚えれば TOEFL の得点アップは間違いなしですか？

👨‍🏫 もちろん！　さあ，問題にチャレンジしてみよう！

1 やってみよう！ 条件と選択肢を聞き取るための攻略法

CD-01〜06

いよいよ大学での会話や講義の聞き取りですね！ 今回のポイントの「条件と選択肢」は，TOEFL でよく問われるんですか？

TOEFL では「条件とその選択」について聞き取る設問は多いよ。 例えば「落第点を取ってしまうか，再提出して遅れた分の罰点を引かれるか」のように。

うわぁ，現実的…。ところで，「選択する」といえば，よく会話で make a choice を使いますね。

そうだね。会話ではよく使うね。
ところで，この会話問題では，リスニング問題のもう 1 つのポイントである**「話者の気持ちがわかるとグ〜ンと読解力が伸びる！」**も学習できるよ。さらに，**「イディオムには話者の気持ちが込められていることが多い」**ということも覚えておこう。

Conversation

CD-01

Questions

CD-02〜06

1. Why does the student visit the professor?

    (A) To submit her paper

    (B) To ask for a chance to rewrite her paper

    (C) To get her paper back

    (D) To consult the professor about the topic of her paper

2. What does the professor think about the student's paper?

    (A) It is better than the last time.

    (B) It does not have enough evidence to convince the reader.

    (C) Another topic should have be chosen.

    (D) It was turned in too late.

3. What does the student admit about her paper?

    (A) She did not spend enough time on it.

(B) Her research produced incorrect conclusions.
(C) The length of it is less than half of what is required.
(D) She chose a risky topic for an educational setting.

4. What is the situation of the student?
   (A) She can try a second time if she wants to earn a better grade.
   (B) She chose the wrong topic and has to rewrite the whole paper.
   (C) She missed the deadline for the paper so she had it extended to next Friday.
   (D) The grade on her paper is only 40% of what she earned with her last paper.

5. What does the student have to do to improve her grade? Choose 2 answers.
   (A) Conduct more research so she can include more evidence in her paper
   (B) Choose a harder topic and take more risks
   (C) Earn more than 50
   (D) Earn a minimum of 40 to avoid the penalty

スクリプト

Student: Uh, hi, Professor Beckman.

Professor: Oh, good Carol. Come on in and have a seat here.

Student: Thank you. I missed your class yesterday so I'm here to pick up my paper.

Professor: I'm glad you came. I wanted to talk to you about it.

Student: About my paper?

Professor: Yes, I really believe you could have done better. What do you think?

Student: Uh, I don't know. Now that you mention it, perhaps I could have done more research for it.

Professor: That's what I thought. You hardly put any evidence in your paper. You earned only 40 points.

Student: 40!? Are you sure?

Professor: Yes, Carol. I know you are discouraged, but I must say I was a bit disappointed myself too. You did much better with the previous paper. What happened this time?

Student: Well, I guess I got rushed a bit. I...I didn't know what to write about until the last minute. By the time I decided on the topic, I was already running out of time.

Professor: It's up to you, Carol. I can give you one more chance if that's what you need to improve the paper.

Student: Can you? I might be able to do more research and gather more evidence to support my points.

Professor: I sure hope you'll do so, Carol. Now you have to make a choice. Getting a second chance means that you will be penalized by 20%. Do you understand the risk you are taking?

Student: Yes, Professor Beckman. Even with that penalty, I think I can do better than 40%.

Professor: Way to go, Carol. Come by anytime if you have any questions. Submit it next Friday. You have a week to work on it.

Student: I'll give it my best shot. I can't thank you enough for giving me another chance.

Professor: You bet. That's what education is for.

訳

学生：あの，ベックマン教授…。
教授：ああ，ちょうどよかったキャロル。どうぞ入ってこちらに座って。
学生：どうも。昨日はクラスを欠席したので，課題論文を取りに来ました。
教授：それはよかった。あなたの課題論文について話があったものだから。
学生：私の課題論文についてですか？
教授：はい。あなたなら，もっといいものが書けたはずだと思うのです。あなたはどう思いますか？
学生：うーん，どうでしょう。言われてみれば，もっと調査をすることもできたかと思います。
教授：そうだと思いました。根拠がほとんど述べられていない。40点しか取れていませんでしたよ。
学生：40ですか!? 本当ですか？
教授：そうですよ，キャロル。やる気をくじかれたでしょうけど，私自身も少しがっかりしたと言わざるを得ませんね。前の課題論文はもっとよく書けていたじゃありませんか。今回は，一体どうしたんですか？
学生：そうですね，ちょっと慌ててしまったような気がします。何について書けばいいのか，ぎりぎりになるまでわからなくて。題材が決まったときには，すでに時間が足りなくなっていました。
教授：キャロル，あなた次第です。もし課題論文の質を向上させるために必要ということなら，もう一度チャンスをあげましょう。
学生：そうですか？ もっと調査して論文を証拠立てる根拠を集めることができるかもしれません。
教授：そうすることが望ましいですね，キャロル。さて，あなたには選択してもらわなければなりません。2回目のチャンスということは，点を2割引かれることになります。このようなリスクを負うことになるのはわかっていますね？
学生：はい，ベックマン教授。その罰点があったとしても，40点以上は取れると思います。
教授：その意気ですよ，キャロル。どんな質問でも，何か質問があったらいつでも来なさい。来週の金曜日に提出すること。あと1週間あります。
学生：精一杯頑張ります。もう一度チャンスをくださり，お礼を言い尽くせない思いです。
教授：いいんですよ。教育とはこういうものなんですから。

設問

1. 学生はなぜ教授を訪ねているのか？
   (A) 課題論文を提出するため
   (B) 課題論文を書き直すチャンスを依頼するため
   (C) 課題論文を返却してもらうため
   (D) 課題論文のトピックについて教授に相談するため

2. 教授は学生の課題論文についてどう思っているのか？
   (A) 前回よりもよい。
   (B) 読み手を説得するだけの十分な根拠がそろっていない。
   (C) 別のトピックを選ぶべきだった。
   (D) 提出期限を過ぎていた。

3. 学生は自分の課題論文について何を認めているか？
   (A) 十分な時間をかけなかった。
   (B) 調査が誤った結論を出してしまった。
   (C) 要求されている長さの半分以下である。
   (D) 教育の場においてリスクのあるトピックを選んだ。

4. 学生の状況はどうであるのか？
   (A) 点を上げたければ2回目に挑戦できる。
   (B) 不適切なトピックを選んだので課題論文全体を書き直さなければならない。
   (C) 課題論文の提出期限に間に合わなかったので，次の金曜まで延期してもらった。
   (D) 学生の課題論文は前回の4割の点数しかもらえていない。

5. 学生は成績を上げるために何をしなければならないか？ 2つ選ぶこと。
   (A) さらに調査をしてより多くの根拠を課題論文に取り入れられるようにする
   (B) さらに難度の高いトピックを選びもっとリスクを負う
   (C) 50点以上を取る
   (D) 罰点を避けるために最低40点を取る

解説

1. 条件と選択肢を聞き取るための攻略法

【解答】
1.（C） 2.（B） 3.（A） 4.（A） 5.（A）（C）

【解説】
1. 〈話者の行動の目的を聞く問題　教授のオフィスアワーでの学生との対話は1問目で会話の目的を問う設問が多い！＋ I'm here to ～「～しに来た」で来訪目的がわかる〉
★学生が教授を訪ねて来た目的が問われている。

　学生が話の切り出しに，"I missed your class yesterday so I'm here to pick up my paper."（昨日クラスを欠席したので，課題論文を受け取りに来た）と述べているのを確実に聞き取ろう。ここから，学生が「論文を返してもらうため」に教授を訪ねてきたことがわかるので，正解は（**C**）**To get her paper back.** である。正解の文では pick up → get back に言い換えられている。

2. 〈話者の意見を聞く問題　設問の主語（教授）の言葉に正解があることが多い！＋ **TOEFL によく出る！** hardly ～「ほとんど～ない」は準否定語〉
★学生の課題論文についての教授の意見が問われている。

　教授の "You hardly put evidence in your paper."（あなたはレポートにほとんど根拠を取り入れていない）の発言の中で使われている，hardly が否定の意味をもっていることを理解しているかがポイントになる。なお，この前に学生が "I could have done more research for it."（もっと調査ができたかもしれない）と述べているが，この〈could have ＋過去分詞〉も「～できたのにしなかった」という後悔を表しており，意味的には「否定」の表現であることも押さえておきたい。正解は，「読み手を納得させる根拠が十分でない」という意味を表す（**B**）**It does not have enough evidence to convince the reader.** である。

3. 〈状況の要約→原因→結果の理由説明パターンが多い！＋ 設問の主語（学生）のセリフに正解があることが多い！＋ 話者の気持ちがわかるとグ～ンと読解力が伸びる！⇒イディオムを覚えよう〉
★学生が自分の課題論文について，どのような（弱）点を認めているかが問われている。

会話では，状況の説明，そしてその原因，最後に結果を示すという流れで話が展開することが多い。まず，状況は "I got rushed a bit."（少し慌ててしまった）という文で説明されている。その原因は，"I didn't know what to write about until the last minute."（何について書けばいいかぎりぎりまでわからなかった）であり，結果は "I was already running out of time."（すでに時間が足りなくなっていた）という文で示されている。admit は「事実や結果を認める」というニュアンスなので，正解は I was already running out of time とほぼ同じ内容を表している（**A**）**She did not spend enough time on it.**（彼女［学生］は十分な時間がなかった）。

4. 〈 **TOEFL によく出る** It's up to you「あなた次第です」の前後に決定事項がある！〉 これが，条件と選択肢を聞き取るための問題だよ
★学生の現在置かれている状況，つまり，学生に与えられた新たな選択肢について問われている。

「学生の置かれている状況」を問う問題であるから，つい学生の発言に目が行ってしまうが，正解が示されているのは，教授の "I can give you one more chance if that is what you need to improve the paper."（もし課題論文の質を向上させるために必要ということなら，もう一度チャンスをあげよう）という発言である。そして，"It's up to you."（あなた次第だ）と述べた上で，学生に選択肢を与えている。正解文は，「彼女はよい点を取りたければ，もう一度チャレンジできる」を意味する（**A**）**She can try a second time if she wants to earn a better grade.** である。

このように，設問の主語の発言に正解が示されていないこともよくあるので，注意しておこう。

5. 〈make a choice「選択する」の前後に具体的な選択肢の提示がある〉
　　これが，条件と選択肢を聞き取るための問題だよ
★学生が成績を上げるためにしなければならない具体的な2つの条件は何かが問われている。

　まず，学生は"I might be able to do more research and gather more evidence to support my points."（もっと調査して論点を証拠立てる根拠を集めることができるかもしれない）と述べることで，課題論文の成績を向上させる意志を表している。つまり，1つ目の正解は，「さらに調査をしてより多くの根拠を論文に取り入れられるようにする」ことを意味する（**A**）**Conduct more research so she can include more evidence in her paper.** である。
　もう1つの正解は，教授の発言に見出すことができる。"Now you have to make a choice." と教授が述べた後，"Getting a second chance means that you will be penalized by 20%"（2回目のチャンスでは2割点を引かれる）と説明していることに注目しよう。2割引かれても今回の40点を下らない点にするには「50点以上取る必要がある」ので，正解は（**C**）**Earn more than 50.** であるとわかる。先ほどの4と同様，これも設問の主語の言葉に正解が示されていない例である。

重要語句をチェックしよう

- □ **miss a class** クラスを欠席する　□ **paper** レポートや研究論文
- □ **mention** （話題などに）触れる　□ **research** 調査　□ **hardly** ほとんど〜ない
- □ **evidence** 証拠　□ **earn** 獲得する　□ **be discouraged** やる気をなくす
- □ **previous** 以前の　□ **get rushed** 慌てる，急ぐ
- □ **until the last minute** 直前まで　□ **run out of 〜** 〜がなくなる
- □ **gather** 集める　□ **subtract** 差し引く　□ **penalty** 罰，ペナルティー
- □ **way to go** その調子だ　□ **submit** 提出する
- □ **give one's best shot** ベストを尽くす
- □ **can't thank someone enough** お礼を言い尽くせない　□ **education** 教育

2 比較を聞き取る攻略法

CD-07〜12

> 先生，比較といえば，"A is 〜 er than B" や "A is more 〜 than B" ですよね？
>
> そうだね。でも，その構文では表せない比較もあるよね。例えば…？
>
> うーん，「私はロックが好きだけど先生はクラシック派」とか？ 確かに more than では言い表せないですね！
>
> ネイティブなら "While I like rock, you like classical music." のように言うだろうね。**While を用いると，対比を表すことができる**んだよ。[P.255 参照]
> 最後に，今回の問題を聞き取る上で役立つ，大きなヒントを1つ与えておこう。**教授の "OK, let's summarize." という発言の後に，重要なことが示されている**からね。
>
> なるほど。Let's summarize.「要約しよう」の後に，まとめが続くんですね。

Lecture

CD-07

Questions

CD-08〜12

1. What were the students doing before this part of the lecture?

    (A) Listening to conventional rock music

    (B) Listening to progressive rock music

    (C) Analyzing the differences between music genres

    (D) Composing a song with lyrics

2. What do the comments from students have in common?

    (A) They indicate positive opinions of progressive rock.

    (B) They point out the similarity between progressive rock and conventional rock.

    (C) None of them views progressive rock positively.

    (D) They focus on how progressive rock differs from more familiar music.

3. How does the professor explain the way in which the instrumental parts in progressive rock are highlighted?
   (A) The players are skilled and talented.
   (B) The messages from the lyrics are weak.
   (C) The influence from classical music is strong.
   (D) The influence from punk rock music is strong.

4. According to the talk, what is true about the history of rock? Choose 2 answers.
   (A) Some progressive rock bands changed to more popular genres to survive.
   (B) Progressive rock overtook conventional rock.
   (C) The boom period of progressive rock lasted over a decade.
   (D) Punk rock is newer than progressive rock.

5. Indicate whether each sentence below describes progressive rock or conventional rock. Place a checkmark in the correct box.

	Progressive Rock	Conventional Rock
Twenty-minute songs are not considered unusually long.		
The intro and interludes are usually shorter than the vocal parts.		
Oftentimes messages in lyrics are unclear and hard to understand.		
Its origin is in the blues in the United States.		

スクリプト

Professor: So, you have just listened to some progressive rock, or prog rock. What do you think of it? Yes, Chris.

Student A: Well, I have to say it was awfully long. Not just the song itself, but the intro kept going for a long time. I've never heard such a long intro.

Professor: That's right. For a song to go over 20 minutes is not unusual for progressive rock. Another feature of prog rock is freer styles. Sometimes you hear an intro or interlude going on and on, much longer than the parts with lyrics. What else?

Student B: I thought the instruments stood out more than the vocalist. Like Chris said, the instrumental parts went on for a long time, but I never got bored with them. I found the technique of the musicians quite impressive.

Student C: I was paying attention to the lyrics and I had no idea what message the song was trying to convey. Conventional rock songs have clearer messages, you know, like love or anger, but with this song, the message was abstract and unclear.

Professor: OK, let's summarize. The song is much longer, the style is freer, and the messages are less clear than conventional rock. Also the instruments stand out more than the vocals. It looks like you are beginning to see some difference between progressive rock and conventional rock. They should be different from each other because their origins are different. While rock is based on the blues in the United States, progressive rock emerged from European classical music. That may explain why progressive rock songs are so much longer and their instrumental parts are highlighted. Prog rock began around the second half of the 1960s, and attracted many fans worldwide during its golden era between around 1969 and 1973. Then, as their boom came to an end, lots of major prog rock bands went through some changes. Some disbanded, some changed key members, and some changed their styles to pop music. Some of the bands that switched to pop music survived the new era, but long compositions with deep lyrics were no longer in fashion. A new genre of music that overtook prog rock is punk rock. Punk rock is short and simple, which is the exact opposite of prog rock.

🔴 訳

教授：さて，プログレッシブロック，あるいはプログロックの曲を少し聞いてもらいましたが，どう思いますか？　はい，クリス。

学生A：ええと，すごく長かったと言うしかないです。曲そのものだけでなく，イントロも長く続いていました。あんなに長いイントロは聞いたことがありません。

教授：そうですね。プログレッシブロックでは，1つの曲が20分以上続くことも珍しくありません。プログロックのもう1つの特徴は，他のジャンルよりもスタイルが自由だということです。イントロや間奏が歌詞のある部分よりもずっと長く，いつまでも続くこともあります。他には何かありますか？

学生B：楽器演奏がボーカルよりも目立っていたと思いました。クリスが言ったように楽器演奏の部分が長く続いていましたが，まったく退屈しませんでした。演奏者の技術にはかなり感心しました。

学生C：私は歌詞に気をつけて聞いていたのですが，曲が伝えようとしているメッセージが何なのか全然わかりませんでした。従来のロック曲だと，例えば愛とか怒りといった，もっとはっきりしたメッセージがありますが，この曲はメッセージが抽象的で不明瞭です。

教授：はい，ではまとめてみましょう。この曲は従来のロックよりもかなり長く，スタイルはより自由で，メッセージはより不明瞭ということですね。そして楽器演奏がボーカルよりも目立つということ。どうやらプログレッシブロックと従来のロックの違いがわかり始めたようですね。違っているのは当然の話で，それぞれの起源が異なっているからです。ロックがアメリカのブルースに基づいているのに対し，プログレッシブロックはヨーロッパのクラシック音楽から発生しました。このために，プログレッシブロックの曲はあんなに長くて楽器演奏部分が強調されているのでしょうね。プログロックは1960年代の後半頃に始まり，1969年から1973年頃の黄金時代には世界中の多くのファンを引きつけました。そしてブームが終わると，プログロックの大手のバンドは解散したり，主要なメンバーが代わったり，ポップスにスタイルを変えたりといった変遷を経ることになりました。ポップス音楽に転向したバンドには新しい時代を乗り切ったものもありましたが，長い曲構成に意味深な歌詞というのはもはや流行らなくなったのです。プログロックの地位に取って代わった新しいジャンルの音楽はパンクロックです。パンクロックはプログロックの正反対で，短くシンプルなのです。

設問

1. この部分の講義の前に学生たちは何をしていたのか？
   (A) 従来のロック音楽の試聴
   (B) プログレッシブロック音楽の試聴
   (C) 音楽のジャンルの相互の違いについての分析
   (D) 歌詞のある歌の作曲

2. 学生たちの発言の共通点は何か？
   (A) プログレッシブロックをよく評価した意見を表している。
   (B) プログレッシブロックと従来のロックの類似点をあげている。
   (C) プログレッシブロックをよく評価した見方をしている者は誰もいない。
   (D) プログレッシブロックと，もっとなじみのある音楽がいかに異なるかに焦点を当てている。

3. プログレッシブロックの楽器演奏部分が強調されている点について教授はどのように説明しているか？
   (A) 演奏者らは技術が高く才能がある。
   (B) 歌詞のメッセージが弱い。
   (C) クラシック音楽の影響が強い。
   (D) パンクロックの影響が強い。

4. 講義によると，ロック史における事実（真実）は何か？ 2つ選ぶこと。
   (A) プログレッシブロックの一部のバンドは生き残るためによりポピュラーなジャンルに転換した。
   (B) プログレッシブロックは従来のロックに取って代わった。
   (C) プログレッシブロックのブーム期は10年以上続いた。
   (D) パンクロックはプログレッシブロックよりも新しい。

5. それぞれの文がプログレッシブロックと従来のロックのどちらを描写しているのか表記しなさい。チェックマークを適切な枠に入れること。

	プログレッシブロック	従来のロック
20分間の曲というのは特別長いとみなされていない。	✓	
通常イントロや間奏はボーカル部分よりも短い。		✓
歌詞の持つメッセージはしばしば不明瞭でわかりにくい。	✓	
その起源はアメリカのブルースにある。		✓

2. 比較を聞き取る攻略法

【解答】
1.（B）　2.（D）　3.（C）　4.（A）(D)
5.

	Progressive Rock	Conventional Rock
Twenty-minute songs are not considered unusually long.	✓	
The intro and interludes are usually shorter than the vocal parts.		✓
Oftentimes messages in lyrics are unclear and hard to understand.	✓	
Its origin is in the blues in the United States.		✓

【解説】
1. 〈冒頭部に注意して聞くと正解が導き出せることが多い！（現在の状況やこれから扱うトピックが集約されていることが多い）〉
★講義の前に学生たちが何をしていたかが問われている。

　冒頭で教授が"you have just listened to some progressive rock, or prog rock"（プログレッシブロック，別名プログロックを少し聞いてもらった）と語りかけ，生徒の感想を求めている。よって学生は「プログレッシブロックを聞いていたこと」がわかるので，正解は（B）**Listening to progressive rock music.** となる。

2. 〈正解は言い換えられていることが多い！ conventional → familiar〉
★学生の発言の共通点は何かが問われている。

　学生らは今までなじんできた曲とプログレッシブロックを比較している。それぞれ，"I've never heard such a long intro."（あんなに長いイントロを聞いたことが

ない），"...the instruments stood out more than the vocalist."（楽器演奏がボーカルより目立っている），"Conventional rock songs have clearer messages... but with this song, the message was abstract and unclear."（従来のロックには明確なメッセージがあるが，この曲のメッセージは抽象的で不明瞭だ）という意見を述べている。

教授が最後の要約で，3人の学生の発言について "...you are beginning to see some difference between progressive rock and conventional rock."（プログレッシブロックと従来のロックの違いがわかり始めたようだ）とまとめている。つまり，学生たちは「プログレッシブロックと従来のロックの違いに焦点を当てている」ので正解は（**D**）**They focus on how progressive rock differs from more familiar music.** である。conventional「従来の」→ familiar「なじみのある」の言い換えに気付くことが，正解できるかどうかの大きなポイントである。

3. 〈設問の主語（教授）の発言に注意して聞く！+ A emerge from B「A は B から発生する」で起源を説明している + 正解は言い換えられていることが多い！ be highlighted → strong〉
★教授はプログレッシブロックの起源（プログレッシブロックの楽器演奏部分が強調されている点）をどう説明しているかが問われている。

教授は "...progressive rock emerged from European classical music."（プログレッシブロックはヨーロッパのクラシック音楽から発生した）と述べた上で，"That may explain why...their instrumental parts are highlighted."（それが楽器演奏部分が強調されていることの説明になるかもしれない）と説明している。

be highlighted（強調される）→ be strong（強い）に言い換えられていて，「クラシック音楽からの影響が大きい」を意味しているので，正解は（**C**）**The influence from classical music is strong.** である。

4. 〈まとめを問う問題　正解は言い換えられていることが多い！ TOEFL によく出る　switch to → change to〉
★ 講義で語られたロック史における事実を 2 つ選ぶように求められている。

教授が最後の要約で，プログレッシブロックブームの終わりに "Some of the bands that switched to pop music survived the new era."（ポップス音楽に転換したバンドには新しい時代を乗り切ったものもあった）と述べている。

switch to → change to に言い換えられていて，「生き残るためによりポピュラーなジャンルにプログレッシブロックバンドもあった」を意味するので1つ目の正解は（**A**）**Some progressive rock bands changed to more popular genres to survive.** であるとわかる。

また"A new genre of music that overtook prog rock is punk rock."（プログロックの地位に取って代わった新しいジャンルの音楽はパンクロックだ）という部分から，「パンクロックはプログレッシブロックより新しい」と読み取れるので，2つ目の正解は（**D**）**Punk rock is newer than progressive rock.** である。

5. 〈 まとめを問う問題　相違点が問われる問題では比較表現に気をつけて聞くと正解を導き出せることが多い！ + 正解は言い換えられていることが多い！ less clear → unclear, A is based on B → A's origin is B〉
　　これが比較を聞き取る問題だよ
★従来のロックとプログレッシブロックの相違点が問われている。

教授の2つ目の発言で，"For a song to go over 20 minutes is not unusual for progressive rock."（プログレッシブロックでは，20分以上の曲も珍しくない）と述べている。つまり a song to go over 20 minutes（20分以上の曲）→ Twenty-minute songs に言い換えられているので，**1番目の項目は Progressive Rock** についての説明であるとわかる。

続いて，"Sometimes you hear an intro or interlude going on and on, much longer than the parts with lyrics."（イントロや間奏が歌詞部分よりもずっと長いものもある）という教授の説明から，プログレッシブロックの特徴として，「歌詞部分より，イントロや間奏のほうが長いことがある」と述べられている。ここから，2つ目の項目の「intro と interludes が vocal parts より短い」というのは Progressive Rock のことではないことがわかる。つまり，**2番目の項目は Conventional Rock** のことである。なお，parts with lyrics → vocal parts に言い換えられていることに注意しておこう。

教授は，最後の Progressive Rock の要約で，"the messages are less clear than conventional rock."（スタイルはより自由で，メッセージはより不明瞭ということだ）と述べている。less clear → unclear に言い換えられており，**3番目の項目は Progressive Rock** の特徴であるとわかる。

また，"While rock is based on the blues in the United States, progressive rock emerged from European classical music."（ロックはアメリカのブルースに基づいているのに対し，プログレッシブロックはヨーロッパのクラシック音楽から発

生した）と，while を用いて対比させた説明がある。つまり，Conventional Rock はブルースが発祥の地である。このことは表の4つ目の項目で，Its origin is in the blues と言い換えられている。そのため，**4番目の項目は Conventional Rock** のほうを選ぶ。

比較表現が総動員された問題なので，ぜひ確実に押さえておきたい。

正解

	Progressive Rock	Conventional Rock
Twenty-minute songs are not considered unusually long.	✓	
The intro and interludes are usually shorter than the vocal parts.		✓
Oftentimes messages in lyrics are unclear and hard to understand.	✓	
Its origin is in the blues in the United States.		✓

重要語句をチェックしよう

- □ **progressive** プログレッシブ，前衛的な　□ **awfully** 非常に，とても
- □ **feature** 特徴　□ **interlude** 間奏　□ **go on** 続く　□ **lyric** 歌詞
- □ **(musical) instrument** 楽器　□ **impressive** 印象的な　□ **convey** 伝える
- □ **conventional** 従来の　□ **more or less** 多かれ少なかれ　□ **abstract** 抽象的な
- □ **summarize** まとめる　□ **origin** 起源　□ **emerge** 出現する
- □ **classical music** クラシック音楽　□ **highlight** 強調する
- □ **attract** 引きつける，魅了する　□ **era** 時代　□ **disband** 解散する
- □ **switch** 移行する　□ **overtake ~** ~に追いつく，~の地位を打ち破る
- □ **in fashion** 流行している　□ **opposite** 反対の

3 やってみよう! 説明文を聞き取るための攻略法

🎧 CD-13〜18

> 次の聞き取りでは，教授が extra credit というものに関する自分の方針を説明している。credit は「点数」という意味なんだけど，あなたは，extra という語にどんなイメージをもっている？

> 映画のロケなんかで「エキストラ」という人たちがいますから，extra というのは，「レギュラー」ではない「その他大勢」みたいな意味でしょうか？

> そんな感じで OK。extracurricular activity「課外活動」の extra も同じような意味だね。「**その他の**」とか「**枠外の**」という意味でとらえるといいね。

> それじゃあ，「枠外の得点」??　あんまりピンとこないんですけど，ちゃんと講義の中で説明がありますよね？

> もちろん。**学生が聞き慣れない言葉を講義で使う際には，まず初めのほうでその説明をしてから本題に入る**から，初めの説明を聞き逃さなければ大丈夫だよ。

Lecture

🎧 CD-13

Questions

🎧 CD-14〜18

1. According to the talk, what can be inferred about extra credit?

   (A) It is not unusual in universities.

   (B) It refers to additional work conducted outside the class.

   (C) Writing more than 20 pages increases extra credit points.

   (D) The extra credit option is not available if students miss classes.

2. How can students in the professor's class earn extra credit?

   (A) Take an extra class to graduate earlier.

   (B) Submit an extra research paper to earn points.

   (C) Study more to earn extra points on the mid-term or final exam.

   (D) Add more pages to regular research assignments.

3. What does the professor say about the point ratio between regular course work and extra credit work?
   (A) The same points will be earned for the same amount of either type of work.
   (B) The ratio of awarded points is not the same.
   (C) Extra credit work is more difficult but awards more points than regular course work.
   (D) She admits that the ratio is favorable for students doing extra credit work.

4. Listen again to part of the talk. Then answer the question.
   What does the speaker mean when she says this: 🎧
   (A) Students should take their time in deciding an appropriate research topic.
   (B) Students should become better at writing research papers.
   (C) Doing extra credit work for her class is an inefficient use of time.
   (D) Extra credit work is the best way to earn points for her class.

5. Indicate whether each sentence below is relevant to grading for regular course work or extra credit work. Place a checkmark in the correct box.

	Regular Course Work	Extra Credit Work
Studying for mid-term and final exams		
A project that takes 10-15 hours and is worth 5 points maximum.		
Studying three to five hours will earn 20 – 30 points		
Something the professor does not recommend		

> **スクリプト**

Now, I'd like to tell you what I think of this option we call the extra credit assignment. I understand that it is quite popular because I hear about it all the time from my students and other instructors. It enables students to do some extra work—typically writing a paper or a book report, or making a presentation—to earn some extra points to improve their grade in the class or perhaps save them from getting an F.

In my opinion, however, this system is serving very few people fairly. I'm just not convinced that students who don't come to class enough or who didn't study enough for two midterms and one final exam should be enabled to pass the class for doing something else. On the other hand, I know this kind of opportunity should at least be available for students in case they get ill, have an accident or have some family emergency — who knows what else?

So here are the guidelines for extra credit work in my class. It has to be a research paper of a minimum of 20 pages. Surprised? Yes, 20 full pages is the minimum—no cover page included. I imagine this work should take somewhere between 10 and 15 hours. This heavy workload will earn you only 5 points maximum, whereas studying for an exam probably takes about 3 to 5 hours and could get you 20 to 30 points. <u>I know this ratio is awfully discouraging. So, if you agree, just don't allow yourself to get into the desperate situation where you have to earn so few points in one of the most unrewarding ways.</u> **I know you have better things to do.**

I hope I have convinced you that it is in your best interest to take each exam and attendance at each class session very seriously. If you still must resort to writing a long paper for just a little extra credit, by the way, you will need to consult with me and receive my approval first. I hope I've made everything clear, but if there are any questions, now is a good time to ask.

訳

　さて，エクストラクレジットと呼ばれる選択について私が思うことを述べておきたいと思います。学生からも他の講師からもそれについてよく聞きますから，かなり普及していることは理解しています。エクストラクレジットによって，学生は小論文や読書レポートを書く，プレゼンをするなどといった追加の課題を行い，点数を上げたり，追加点を稼いで「不可」を取ることを免れられるようになります。

　しかしながら，私に言わせれば，このシステムは，ほとんどの人にとって公正に機能していないのです。授業の出席が足りない人や，2回ある中間テストと1回の期末テストの勉強をおろそかにした学生が，他の措置によってクラス修了が認可できることが私は納得できないのです。

　しかし，その一方で，病気や事故や家族の緊急事態や，その他の予期できない想像できないようなありとあらゆる場合に備えて，少なくともこういった措置があるべきだということもわかっています。

　そこで，私のクラスでのエクストラクレジット課題の指針を次のようにしました。研究レポートで最低20ページのもの。びっくりしましたか？そうです，まるまる20ページというのが最低限で，表紙はページに含まれません。これだけの課題には10～15時間はかかると思われます。これだけの仕事量をこなしても，最高で5点しか追加されません。それに対して，試験勉強には3～5時間かかるでしょうが，20～30点もらえます。<u>こんな比率では，やる気を失くすと思います。もしそう思うのなら，そんな報われないやり方でわずかな点を稼がなければならないような窮地に自分を追い込まないことです。**みなさんにはもっと他にすることがあるでしょう。**</u>

　というわけで，毎回の試験を受け，真面目に出席することが最善策だと納得してもらえたらと思っています。もしそれでも長いレポートを書き，わずかな点を稼ぐという手段をとる必要があるなら，私に相談して許可を得なければなりません。明確な説明をしたつもりですが，もし質問があれば，今が質問すべきときですよ。

設問
1. 話によるとエクストラクレジットについて何が推測できるか？
   - **(A) 大学では珍しくない。**
   - (B) 授業外に行う追加課題のことを指す。
   - (C) 20ページ以上書くと追加点が上がる。
   - (D) エクストラクレジットという選択肢は，学生がクラスを休んだ場合は適応できない。

2. その教授の学生はどのようにして追加点を取れるのか？
   (A) 追加クラスを取ってより早く卒業する。
   (B) 追加研究レポートの提出で点を稼ぐ。
   (C) 中間や期末試験でさらに勉強をして追加点を稼ぐ。
   (D) 通常の研究課題にさらにページを付け足す。

3. 教授は通常課程内の学習努力とエクストラクレジット課題における点数の比率について何と言っているか？
   (A) いずれにも同じ努力量に対して同じ点が与えられる。
   (B) 与えられる点の比率は同じではないと言っている。
   (C) エクストラクレジット課題のほうがより難度が高いが通常課程内での学習努力よりも多くの点が与えられる。
   (D) 比率はエクストラクレジット課題をする学生に有利だと認めている。

4. 話の一部をもう一度聞き，設問に答えなさい。（P.135 下線部参照）
   話し手の次の発言はどのような意味か。（下線部内の太字参照）
   (A) 学生は時間をかけて適切な研究トピックを決めるべきだ。
   (B) 学生は研究レポートをもっとうまく書けるようになるべきである。
   (C) 自分のクラスでエクストラクレジット課題をするのは時間の非効率的な使い方である。
   (D) エクストラクレジット課題は自分のクラスでは点を稼ぐ最善の方法である。

5. 以下のそれぞれの文が通常課程内の学習努力とエクストラクレジット課題のどちらについて言及しているのか示しなさい。チェックマークを適切な枠内に入れること。

	通常課程内の学習努力	エクストラクレジット課題
中間や期末試験に向けての勉強	✓	
10～15時間かかり，最高で5点が与えられる課題		✓
3～5時間の勉強で20～30点を獲得できる	✓	
教授が勧めていないもの		✓

解説

3. 説明文を聞き取るための攻略法

【解答】
1. (A)　2. (B)　3. (B)　4. (C)
5.

	Regular Course Work	Extra Credit Work
Studying for mid-term and final exams	✓	
A project that takes 10-15 hours and is worth 5 points maximum.		✓
Studying three to five hours will earn 20 - 30 points	✓	
Something the professor does not recommend		✓

【解説】
1. 〈正解は言い換えられていることが多い！ popular → not unusual〉
★エクストラクレジットとはどういうものなのかが問われている。

　教授が第1段落の第2文で，"it is quite popular" と説明している。正解文では popular → not unusual に言い換えられている。また "...I hear about it all the time from my students and other instructors" から，「大学での話」だと確認できる。
　正解は「大学では珍しいことではない」を意味する (**A**) **It is not unusual in universities.** である。設問では extra credit（追加点）について尋ねているのに対して，(B) は点数でなく，そのための作業を指しているので誤り。
　この教授の授業におけるエクストラクレジットの課題は「最大5点で20ページ以上のレポート」であることが話に登場するが，(C) は「20ページ以上書くことで点がさらに上がる」という意味になるので誤り。(D) は「病気や緊急事態で休まざるを得ない人たちのためにエクストラクレジットの選択肢は用意しておくべき」という教授の意見に反するので誤り。

2. 〈"here are the guidelines for 〜"「〜の指針はこのようになっている」の後に説明がある〉　これが説明文を聞き取るための問題
★学生のエクストラクレジットの取り方について問われている。

　教授は "…here are the guidelines…" と述べた後, "It has to be a research paper…"（研究レポートでなければならない）と述べている。なお，今回頻出する "extra" という言葉は「通常の枠を超えている」イメージである。「通常課程の枠外の課題」のことは "extra research paper" というので，正解は (B) **Submit an extra research paper to earn points.** となる。
　なお，(A) の extra class は追加クラスを取ることを指し，(C) は試験において追加点を取ることを指すのでいずれも誤答である。

3. 〈設問の主語（教授）の言葉に正解があることが多い！＋ "A whereas B." 「A である一方，B である」を用いた対比を見抜こう〉
★通常課程内の学習努力とエクストラクレジット課題でそれぞれ得られる点数の比率について，教授が何を言っているかが問われている。

　"This（= extra credit work）heavy workload（= between 10 and 15 hours work）will earn you only 5 points maximum, whereas studying for an exam probably takes about 3 to 5 hours and could get you 20 to 30 points."（エクストラクレジット課題では10〜15時間かかって最高5点だが，試験勉強は3〜5時間すれば20〜30点を得られる）の箇所に注目。whereas を用いた対比を表す文がポイントになっている。なお，この whereas は前出の while とも置き換え可能である。
　ここから「両者の得点の比率は同じではない」ことがわかるので，「得点の比率は同じでない」という内容の (B) **She says that the ratio of awarded points is not the same.** が正解である。

4. 〈"better" が直前に出てきたものとの比較であることに注目しよう〉
★ "I know you have better things to do." という教授の言葉の意図が問われている。

　教授はエクストラクレジットのことを "one of the most unrewarding ways"（最も報われないやり方の1つ）だと述べた後で，"I know you have better things to do."(みんなにはもっと他にすることがあるだろう)と言っている。つまりは，エクストラクレジットをするよりも何か別のよいことをするように促しているということに気付きたい。betterという言葉に引きずられて(B)を選んでしまわないように。

正解は，「彼女のクラスでエクストラクレジット課題をするのは時間の非効率的な使い方である」を意味する(C) **Doing extra credit work for her class is an inefficient use of time.** である。

---

5. 〈**I hope I have convinced you that ～**「～だと納得してもらえたらと願う」の～に確認点（相違点）がある〉 <mark>これが説明文を聞き取るための問題</mark>

★通常課程内の学習努力とエクストラクレジット課題のどちらについて言及しているか，つまり相違点が問われている。

たとえ全部を聞き取れなくても，教授が extra credit にマイナスの意見を，regular work にプラスの意見を述べていることがわかれば正解を導き出せる。

第3段落までで両者の違いを押さえ（問題3の解説をもう一度確認しておこう），その後の "I hope I have convinced you that it is in your best interest to take each exam and attendance at each class very seriously."（各試験と出席を大事にすることが最善策だと納得してもらえたらと願っている）の発言を合わせて考えると，教授の通常の学習努力を重視してほしいという意図が確認できるだろう。**1項目目と3項目目はRegular Course Work** である。またExtra Credit Workを勧めていないことがわかるので，**4項目目はExtra Credit Work**のことである。そして10～15時間かかり，最高で5点の価値がある課題，つまり**2項目目はExtra Credit Work**のことである。

正解

	Regular Course Work	Extra Credit Work
Studying for mid-term and final exams	✓	
A project that takes 10-15 hours and is worth 5 points maximum.		✓
Studying three to five hours will earn 20 – 30 points	✓	
Something the professor does not recommend		✓

重要語句をチェックしよう

- [ ] **extra** 追加の [ ] **credit** 評価を高めるもの [ ] **assignment** 課題
- [ ] **enable** 可能にする [ ] **earn** 稼ぐ，得る [ ] **improve** 向上させる
- [ ] **convince** 納得させる [ ] **midterm exam** 中間考査 [ ] **opportunity** 機会
- [ ] **available**（必要に応じて）ある [ ] **emergency** 非常事態
- [ ] **research paper** 研究レポート [ ] **minimum** 最低限の [ ] **ratio** 比率
- [ ] **discouraging** やる気をなくさせるような [ ] **desperate situation** 窮地
- [ ] **unrewarding** 報われない，やりがいのない [ ] **take ~ seriously** ~を重視する
- [ ] **attendance** 出席 [ ] **resort to ~** ~に（手段として）頼る [ ] **consult** 相談する
- [ ] **approval** 許可

留学生日記コラム　Extra Credit Assignmentって？

　今回登場したExtra Credit Assignmentとは，教授の説明にあった通りの「不可を免れるため，またはよりよい成績を取るために追加でする課題」のことです。初講義でシラバス（クラス概要）で自分のルールを告知する教授もいれば，学期の半ばで単位が危なくなってきた学生からの要請に対応する「救済派」の教授もいて，実に人それぞれです。

　今回は研究レポートでしたが，研究発表だとか，はたまた外国語のクラスではその言語の歌をみんなの前で披露するという例も見たことがあります。

　今回の教授のポリシーからもわかるように，単位取得は普段からしっかり押さえるようにしたいものですが，英語での授業がまだまだ困難な留学初心者には，ときにはエクストラクレジットは嬉しい救済措置かもしれませんね。

4 やってみよう! 意見を聞くための攻略法

CD-19～24

> 先生, そもそも「意見」というのは人によって千差万別だから, 準備のしようがないような気がするんですけど…?

> 確かに意見の「内容」については予測できないことが多いけれど,「**どのように論理的に意見を展開するのか**」のパターンを押さえることはできるよね?

> なるほど,「説明の運び」のパターンということですね。「論理的に意見を展開する」って言うと, 意見だけでなく理由も述べることですね?

> その通り。**相手の意向に理解を示してから自分の意見と理由を述べるパターン**を見てみよう。相手に納得してもらいながら自分の意見を述べているあたりが参考になるよ。

Conversation

CD-19

Questions

CD-20～24

1. What does the student ask the instructor to do?
   (A) Give him permission to audio-record her lectures
   (B) Give him advice about studying in Germany
   (C) Slow down the pace of the lecture so he can catch up
   (D) Tell him how to improve his English

2. Listen again to part of the conversation. Then answer the question. What does the speaker mean when she says this: 🎧
   (A) She would like to choose who can record her lectures.
   (B) She would like to have one rule for everyone.
   (C) She would like some students to record her lectures.
   (D) She would like to have everyone record her lectures.

3. Why does the instructor mention her experience in Germany?
   - (A) To make the point that she knows the difficulty of studying in a foreign language
   - (B) To emphasize that she studied with native speakers of German
   - (C) To advise that the best way to improve language skills is to live in a country where the language is spoken
   - (D) To tell him how she learned to speak German fluently

4. What does the instructor say about the study group? Choose 2 answers.
   - (A) The members can learn from smart students.
   - (B) Foreign students shouldn't feel shy about joining.
   - (C) It is initiated by students.
   - (D) It is held during her class.

5. Indicate which of the statements below are advised by the instructor. For each sentence, put a checkmark in the YES or NO column.

	YES	NO
Voice-record the lectures for better review		
Obtain online visual materials		
Be a good note taker		
Join the study group		

スクリプト

Student: I have a question for you, Ms. Davis.

Instructor: Yes, what can I do for you?

Student: I am wondering if you could allow me to record your lectures with this voice recorder. You see, English is my second language, so sometimes I have a hard time keeping up with lectures.

Instructor: I see. It must be difficult for some foreign students to follow lectures all in English. I actually spent one semester in Germany as a college student, and boy, it wasn't easy at all.

Student: You studied in Germany?

Instructor: Yes, indeed. So believe me, I know how you feel. But I still make it a rule not to allow students to record my lectures.

Student: Why not? Other instructors let me record theirs.

Instructor: I know. You see, **if I let you, I have to let other students do the same, right?** Nowadays, anybody can upload any audio or visual material onto the Internet, and how can I prevent that from happening if I let any student record my lecture?

Student: Oh, I see.

Instructor: You seem to be a decent student, but as an instructor of 300 students, I'd rather not make any exception for anybody. So I cannot let you record my lectures because I don't let others. You see my point, right?

Student: Yes, now I do.

Instructor: So my advice is to stay focused during class, take good notes and attend the study group.

Student: The study group?

Instructor: Oh, you didn't know? Peter and Laura are leading a study group. They and some other students in our class get together once a week to study. I'm sure they wouldn't mind having you.

Student: Do you think so? I'll feel bad if they have to put up with my English.

Instructor: Well, why don't you think of it this way? Questions that foreign students often ask draw the attention of other students to some key points that they overlooked themselves. Laura told me that having a chance to go over lectures with someone who asks questions helps her

learn better. Shyness won't do you any good if you want to learn!
Student: I guess you are right. Sounds like I should give it a try.
Instructor: So I hope my explanation of my rule about lecture recording was clear to you.
Student: Yes, it makes sense to me. I will not record your class, but will try to get some help from the study group.

訳

学生：デイビス先生，質問があるのですが。

講師：はい，何でしょうか？

学生：先生の講義を，このボイスレコーダーで録音させていただけないかと思うのですが。というのは，私は英語が母語でないもので，講義についていくのが困難な時があるからです。

講師：なるほど。留学生にはすべて英語の講義についていくのは至難の業でしょうね。実際，私も大学のときにドイツで1学期間留学したことがあるのですが，まあ，あれは楽ではなかったですね。

学生：ドイツで勉強されたのですか？

講師：そうなんですよ。だからあなたの気持ちは本当によくわかります。それでも私は学生に講義を録音することは許可しないようにしているのです。

学生：どうしてだめなのですか？ 他の講師はさせてくれますが。

講師：そうですね。つまりね，<u>もしも君に許可したら，私は他の学生にも同じ許可を出さなければならないでしょう？</u> 誰でもインターネットに音声や画像をアップロードすることができる昨今，もしも誰にでも講義の録音を許可したらどうやってそれを食い止められるでしょうか？

学生：ああ，そうですね。

講師：あなたはちゃんとした学生のように見受けられますが，300人の学生を持つ講師として，誰のためであっても例外を作りたくないのです。だからあなたに録音を許可するわけにはいかないのです，他の人にも許可しないからという理由で。私の言っていることがわかりますよね？

学生：はい，今はわかります。

講師：ですから，私からの助言としては，授業に集中すること，きちんとノートを取ること，そして勉強会に参加することですね。

学生：勉強会？

講師：あら，知らなかったんですか？ ピーターとローラがリーダーになっていて，

クラスの何人かと週1回集まって勉強しているんですよ。きっとあなたのことを歓迎すると思いますよ。

学生：そうでしょうか？ 私は自分の英語で迷惑をかけるのは気が引けるのですが。

講師：では，このように考えてみたらどうでしょう？ 留学生がよく質問することによって，他の学生は自身が見落としていた大事なポイントに注意を向けることがあるんですよ。ローラが言っていたけど，質問してくれる人と一緒に講義内容を振り返る機会を持つと，よりよい勉強になるんだそうですよ。だから学習したいのなら，内気でいてはためにならないのですよ。

学生：おっしゃるとおりかもしれません。やってみようと思います。

講師：では，講義の録音についての説明ははっきりとわかっていただけましたね？

学生：はい，わかります。先生の授業の録音をしないで，その代わりに勉強会で助けてもらうようにします。

設問

1. 学生は講師に何をするように頼んでいるのか？
   (A) 講義の録音を許可するように
   (B) ドイツ留学についてのアドバイスをくれるように
   (C) 自分が講義についていけるようペースを落とすように
   (D) 自分の英語力を向上させる方法を教えるように

2. 話の一部をもう一度聞き，設問に答えなさい。（P.144 下線部参照）
   話し手の次の発言はどのような意味か。（下線部内の太字参照）
   (A) 講師は講義の録音できる人を決めたいと思っている。
   (B) 講師は全員に対して1つの規則をもちたいと思っている。
   (C) 講師は一部の学生には講義を録音させたいと思っている。
   (D) 講師は全員に講義を録音してもらいたいと思っている。

3. 講師はなぜ自分のドイツでの経験について触れているのか？
   (A) 自分は外国語の学習の厳しさを知っているということを示すため
   (B) ドイツ語のネイティブスピーカーと共に学んだことを強調するため
   (C) 語学力の上達にはその言葉が話されている国に住むのが最善策だと助言するため
   (D) どうやってドイツ語が流暢に話せるようになったかを教えるため

4. 講師は勉強会について何と言っているか？ 2つ選ぶこと。
(A) 参加者は，優秀な学生から学ぶことができる。
(B) 留学生は参加するのをためらうべきではない。
(C) 学生たちの主導である。
(D) クラス時間内に行われる。

5. 以下の記述のうち，講師が助言したものはどれかを示しなさい。それぞれの文のYESかNOの欄にチェックマークを入れること。

	YES	NO
後で復習しやすいように，講義を録音する		✓
オンラインの視覚教材を入手する		✓
ノートをきちんと取る	✓	
勉強会に参加する	✓	

解 説

4. 意見を聞くための攻略法

【解答】
1. (A)　2. (B)　3. (A)　4. (B)(C)
5.

	YES	NO
Voice-record the lectures for better review		✓
Obtain online visual materials		✓
Be a good note taker	✓	
Join the study group	✓	

【解説】
1. 〈"I'm wondering if you could..." 「…してもらえないかと考えていたのだが」の後に依頼が来る〉
★学生が講師に何をお願いしているのか，つまり会話の目的が問われている。

　学生が始めに "I am wondering if you could allow me to record your lectures with this voice recorder." と述べていることからわかる。record は「一般的な記録」について用いられる動詞で，場合によって「録音する」「録画する」「証拠を残す」などの意味になる。正解の文では "allow me" が "give him permission" に言い換えられている。つまり授業録音の許可をお願いしているので，正解は (A) Give him permission to audio-record her lectures である。この audio-record は「音声の形で記録を残す」→「録音する」という意味である。

2. 〈発話の目的を聞く問題 "If + 現在形 A, + 現在形 B" で「A が起こるなら B が起こる」という決まりを表す〉
★講師の言葉の "if I let you, I have to let other students do the same" に込められた意図が問われている。

　上記英文は，"If I let you"（君に認めたら）という条件に付随して，"I have to let other students do the same"（他の学生たちにも同じことを認めなければな

らない）という結果が伴うという内容になっていることから，講師の公平なスタンスがうかがえる。少し後に出てくる "I'd rather not make any exception for anybody."（誰のためであっても例外を作りたくない）からも教授の意図は確認できる。つまり，「彼女は1つのルールを全員に対してもちたい」という内容の（B）**She would like to have one rule for everyone.** が正解。

3. 〈 発話の目的を聞く問題　設問の主語（講師）の言葉に特に注意して聞く！＋相手の状況を察する表現 "It must be difficult" "I know how you feel."〉
★講師が自身のドイツ留学の経験を語った目的が問われている。

　学生の "I have a hard time keeping up with lectures."（講義についていくのが困難だ）という訴えに対して，講師は "It must be difficult for some foreign students…"（留学生には大変だろう）と理解を示した後，"I actually spent one semester in Germany"（実は自分はドイツで1学期過ごした）と自身の経験を述べている。
　また，その後の "So believe me, I know how you feel."（だから君の気持ちはわかる）でも確認できる。つまり，「外国語を学ぶのは難しいことに同意している」ことを示すためなので，正解は（A）**To make the point that she knows the difficulty of studying in a foreign language.** である。

4. 〈 まとめを問う問題　設問の主語（講師）の言葉に特に注意して聞く！＋ "設問の主語 wouldn't mind…"「…は構わない」，"〜 won't do you any good"「〜はためにならない」から意見を探る〉　これが意見を聞くための問題
★講師が勉強会について何と言っているか，2つ選ぶ設問である。

　講師は勉強会について説明する際に "I'm sure they wouldn't mind having you."（彼らは君の参加を快諾するだろう）と述べ，自分の英語力不足がメンバーの足を引っ張ってしまうことを懸念した留学生に "Shyness won't do you any good"（内気でいてはためにならない）と助言しており，「留学生にも参加してほしい」という意見であることが推測できる。動詞の mind「嫌がる」の否定形 don't mind は，本来の「嫌ではない」から「喜んでする」まで，広い意味を指すことがあるので注意しよう。1つ目の正解は，「留学生は参加するのをためらうべきではない」を意味する（B）**Foreign students shouldn't feel shy about joining.** である。

149

また，講師の言う"Peter and Laura are leading"は，選択肢の"initiated by students"に相当する。つまり，2つ目の正解は「学生たちの主導である」を意味する（**C**）**It is initiated by students.** である。

---

5. 〈まとめを問う問題　設問の主語（講師）のセリフに正解があることが多い！
   ＋ 正解は言い換えられていることが多い！　take good notes → be a good note taker，attend → join〉
   ★講師の助言のまとめが問われている。

　講師は録音を許可しない理由を説明しているので，まず **1番目の項目は NO** である。
　次に，講義の録音以外の方法で授業についていくための助言として，"…take good notes and attend the study group."（きちんとノートを取って勉強会に出ること）と述べている。つまり，take good notes → Be a good note taker に言い換えられているので **3番目の項目は YES**，attend the group → join the study group に言い換えられているので **4番目の項目は YES** である。
　オンライン資料に関しては，録音を認めない理由として，講義音声がオンラインで流出する危険性をあげているので **2番目の項目は NO** である。

正解

	YES	NO
Voice-record the lectures for better review		✓
Obtain online visual materials		✓
Be a good note taker	✓	
Join the study group	✓	

重要単語をチェックしよう

- □ record 録音する，記録する　□ have a hard time 〜ing 〜が困難である
- □ keep up with 〜 〜についていく　□ make it a rule 〜 〜とすることにしている
- □ record 録音する　□ prevent 〜 from happening 〜が起こることを防ぐ
- □ decent ちゃんとした，まともな　□ exception 例外　□ study group 勉強会
- □ draw attention 注意を引く　□ overlook 見落とす　□ shyness 内気
- □ make sense 道理にかなう，納得がいく

留学生日記コラム　　私はコックさんじゃない

　教科書にはあまり出てきませんが，実は今回登場した "be a good note taker" のような表現をネイティブは日常的に使います。例えば運転のうまい人に "You are a good driver." と言うほうが "You are good at driving." よりも自然です。"You are a good cook." と言われたら「あなたはよいコックさんですね」という意味ではなく，料理の腕をほめられたことになるのです。一度驚いたのが，ルームメイトが実家からザクロが送られてきたということでおすそわけしてくれた時です。初めて目にするザクロの粒々に戸惑う私に彼女は "Look, I'm a good pomegranate eater."（見て，私はザクロを食べるのがうまいのよ）と得意げな笑顔で言っていたのが印象的でした。

5 やってみよう！ イメージしながら聞く攻略法

CD-25〜30

> リスニングの内容を，頭の中でイメージとしてバッチリ捉えられたときって，理屈抜きでその世界に入り込めるので，とても集中できるよね。

> あぁ，わかる気がします！ …あ，でも私はめったにありませんけど。

> じゃあ，これはどう？ "Imagine the world as a village of 100 people." と聞いて，イメージできる？

> それなら大丈夫です！ 今，広大な世界が頭の中でぐっと凝縮されてシンプルな100人の村になりました。世界と100人村が，"as" で結ばれていましたね？

> そのとおり。この "as" は，「イコール」の役割を果たしているんだよ。それでは早速，どんなイメージの話が出てくるのか，聞いてみよう！

Lecture

CD-25

Questions

CD-26〜30

1. What is the lecture about?

    (A) How useful book reading is

    (B) How to write an opening paragraph

    (C) How to examine trees in a forest

    (D) How to compose an essay

2. What roles do the trees and forest play in the lecture?

    (A) The main subject

    (B) Metaphors illustrating a point

    (C) A minor distraction straying from the subject

    (D) An example supporting an environmentalist argument

3. Listen again to a part of the conversation. Then answer the question. What does the speaker mean when she says this: 🎧
   (A) She wants to know if the students follow what she has explained.
   (B) She is telling the students to take a picture of the forest.
   (C) She is telling the students to take a look at the picture of the forest.
   (D) She is asking the students to imagine a forest and the trees in it.

4. Why does the speaker mention book reading?
   (A) She uses it as an example of an essay topic.
   (B) She recommends it to her students.
   (C) It is the main topic of the lecture.
   (D) It is the title of an essay that her students must write about.

5. Indicate whether forest or trees are relevant to each part of the essay below. Place a checkmark in the correct box.

	Forest	Trees
The introduction of the essay		
The body of the essay		
The supporting ideas of the essay		
The conclusion of the essay		

スクリプト

Professor: Today, we begin writing. We will start with a short writing exercise consisting simply, of an introduction, body and conclusion. Let me guide you through these components of an essay.

The opening paragraph introduces the general idea of the essay. This is important because the reader wants to know what the essay is all about before reading about the details. A good way to see this is to imagine a forest tour. You would want to know what kind of forest to expect before walking into it. So, think of the introduction as an orientation of a forest tour. The orientation will prepare the reader to learn about the details of trees inside. **Can you picture that?**

Student A: Do you mean that the forest represents the entire essay, while each tree represents a detail that supports, ah, the essay topic?

Professor: Yes, exactly. The first paragraph is an introduction of an overall topic. You can then state supporting ideas or details in the following paragraphs. They are called the body paragraphs.

Student B: I am confused about the difference between the overall topic and the supporting ideas. Could you give an example?

Professor: Certainly. Let's see, here is a simple overall topic: "I recommend reading books." Now you expect to learn why I recommend reading books, and that expectation helps you prepare to read the rest, just as an orientation of a tour.

Then, the first body paragraph says "Books will give you useful knowledge." You can see how this paragraph supports the essay topic by stating one type of benefit of book reading.

Now, for the second body paragraph, how about, "Books help you build your vocabulary"? Notice this idea, too, supports the overall topic. The point is that just as a forest consists of trees, an essay topic should be formed with supporting ideas.

Finally, the conclusion brings an essay to a close. Your job here is to remind the reader of the overall point and give a sense of completion. In the case of the example of recommending book reading, you can say something like, "Because of these benefits, more book reading should be encouraged throughout the education system."

訳

教授：今日からライティングを始めましょう。導入・本論・結論という形で簡潔に構成された，短いライティングから始めます。では，これらのエッセイ（小論文）の構成要素について説明をします。

　切り出しの段落では，そのエッセイの概要を紹介します。読み手というものは，詳細を読む前に何についてのエッセイなのかを知りたがるものですから，これは大事なことです。森林見学ツアーを想像してみれば，このことがよくわかるでしょう。森の中に歩いて入っていく前に，それがどんな森なのかを知っておきたいと思うでしょう。だから，導入部のことは森林ツアーのオリエンテーションだと考えてください。オリエンテーションは，読み手が中にある木々の詳細について学んでいくための準備となりますよね。**想像できますか？**

学生A：つまり森林はエッセイ全体を表していて，それぞれの木は，ええと，エッセイのトピックを証拠立てる詳細を表しているということですか？

教授：はい，その通りです。第1段落は，全体のトピックへの導入です。それから，証拠立てる理論や詳細を以降の段落で述べることができます。そのような第1段落以降の段落のことを，本論と呼びます。

学生B：全体のトピックと，証拠立てる理論の違いについて混乱しています。例をあげてもらえませんか？

教授：もちろん。では，簡潔で全般的なトピックの例として，「私は読書を勧めます」というものがあるとします。このようなトピックから，私が読書を勧める理由を知ることになるのだろうと心積もりができますね。その予測が残りを読み進めていくための準備となるのです。ちょうどツアーのオリエンテーションのように。

　そして本論の最初の段落で，「本は役に立つ知識を授けてくれる」と述べるとします。この段落が，読書の利点を1つあげることによって，エッセイのトピックを証拠立てているのがわかりますね。

　さて，本論の第2段落は，「本によって語彙力を高めることができる」というのはどうでしょう？ この理論も全体のトピックを証拠立てていると気付きますね。つまり森が木々によって成り立っているように，エッセイのトピック，それを証拠立てる理論によって形成されているはずだということです。

　最後に，結論がエッセイを締めくくります。ここでの作業は読み手に全体のポイントに戻ってもらい，完結感を与えるのです。読書を勧めるエッセイの例では，こんなふうに言ったらいいのではないでしょうか。「これらの利点のため，教育制度を通してもっと読書が勧められるべきである」。

設問

1. 何についての講義か?
(A) 読書がいかに有益か
(B) 冒頭の段落の書きかた
(C) 森の木の観察のしかた
(D) エッセイの構成のしかた

2. 木々や森は講義において何の役割を果たしているのか?
(A) メインとなる主題
(B) あるポイントを説明するためのたとえ
(C) 主題からの若干の脱線
(D) 環境保護主義的な主張の支持の一例

3. 話の一部をもう一度聞き,設問に答えなさい。(P.154 下線部参照)
話し手の次の発言はどのような意味か。(下線部内の太字参照)
(A) 教授は説明したことに学生がついてきているかどうか知りたい。
(B) 教授は学生に森の写真を撮るように指示している。
(C) 教授は学生に森の絵を見るように指示している。
(D) 教授は森とその中の木々を想像するよう求めている。

4. なぜ話し手は読書について言及しているのか?
(A) エッセイのトピックの一例として用いている。
(B) 学生に勧めている。
(C) 講義の主題である。
(D) 学生が書かなければならないエッセイの題である。

5. それぞれのエッセイの部分が森と木のどちらに関連しているのかを示しなさい。適切な欄にチェックマークを入れること。

	森	木
エッセイの導入	✓	
エッセイの本論		✓
エッセイを証拠立てる理論		✓
エッセイの結論	✓	

解説

5. イメージしながら聞く攻略法

【解答】
1. (D)　2. (B)　3. (A)　4. (A)
5.

	Forest	Tree
The introduction of the essay	✓	
The body of the essay		✓
The supporting ideas of the essay		✓
The conclusion of the essay	✓	

【解説】
1. 〈主題を把握する問題　講義の内容は冒頭のセリフでわかることが多い！⇒ "Today, ..." "We will start..." "Let me guide you through..." でこれからすべきことの説明を聞き取る〉 これが講義では定番の主題に関する問題だよ
★講義の内容が問われている。

　教授は冒頭で，簡潔なライティングには "introduction"（導入），"body"（本論），"conclusion"（結論）という要素があることを説明した後，"Let me guide you through these components of an essay."（これらのエッセイの構成要素について説明をする）と述べていることからわかる。ここで用いられている名詞の component が動詞の compose「構成する」に関連していることもヒントになる。
　つまり，「エッセイの作りかた」が講義の内容なので，正解は (D) How to compose an essay である。

2. 〈"think of A as B"「A を B と考える」は，「比喩」による説明になっている〉 これがイメージする問題だよ
★木や森が講義でもつ役割が問われている。

　導入部にエッセイの大意を盛り込むことの重要性を説く際に，教授は "A good way to see this is to imagine a forest tour."（森林見学ツアーを想像してみれば，

このことがよくわかるだろう）と前置きし，"think of the introduction as an orientation of a forest tour."（導入部を森林ツアーのオリエンテーションだと考えること）と「比喩」を用いて誘導している。つまり，木や森は「ポイントを説明するためのたとえ」として用いられているので，正解は（**B**）**Metaphors illustrating a point** である。

3. 〈話の一部分だけを聞く問題には特に集中力が必要！＋ "picture" には「心に描く」という意味がある〉　イメージする問題だよ
★話し手（教授）の最後のセリフの "Can you picture that?" に込められた意図が問われている。

動詞の "picture" は「心に絵を描くこと」，つまり「想像する」という意味である。教授は，設問2で見たように生徒に比喩を用いて説明をしたので，その内容が心に描けているかどうかを確認している。言い換えると，「彼女（先生）は学生が彼女の説明についてきているかを知りたい」ということなので，正解は（**A**）**She wants to know if the students follow what she has explained.** となる。

4. 〈発話の目的を聞く問題 "Can you give an example?" という質問に対応していることを知ろう〉
★なぜ話し手（教授）が読書の話を出してきたのかが問われている。

"Can you give an example?" という質問によって，"overall topic"（大意）と "supporting ideas"（詳細）についての例を求められた教授は，"here is a simple overall topic: 'I recommend reading books.'"（簡潔で全般的なトピックの例として，「私は読書を勧めます」というものがあるとする）と言って，まず overall topic の例をあげている。つまり「彼女（教授）はエッセイのトピックの例として読書をあげている」わけなので，正解は（**A**）**She uses it as an example of an essay topic.** であるとわかる。

5. 〈比喩を押さえよう！　森はエッセイ全体を表し，木々は詳細を表している〉
これがイメージする問題だよ

★比喩を用いた説明に出てくる「森」と「木々」がそれぞれ何を指しているのかが問われている。

最初に学生が"the forest represents the entire essay, while each tree represents a detail that supports, ah, the essay topic?"（森林はエッセイ全体を表していて，それぞれの木は，ええと，エッセイのトピックを証拠立てる詳細を表しているのか？）と確認を取っている。

まず「森林」については，教授は"The first paragraph is an introduction of an overall topic."（冒頭の段落は全体のトピック導入）と述べている。そして，「それぞれの木」については"...state supporting ideas or details in the following (=body) paragraphs."（証拠立てる理論や詳細を次の段落で述べる）と解答している。最後に，「結論」については"remind the reader of the overall point"（読み手に全体のポイントを思い出させる）と説明していることから，「結論＝Forest」であると理解できる。

よって **The introduction of the essay**（エッセイの導入）と **The conclusion of the essay**（エッセイの結論）が **Forest** である。

そして，**The body of the essay**（エッセイの本論）と **The supporting ideas of the essay**（エッセイを証拠立てる理論）は **Tree** である。

正解

	Forest	Tree
The introduction of the essay	✓	
The body of the essay		✓
The supporting ideas of the essay		✓
The conclusion of the essay	✓	

―― **重要語句をチェックしよう** ――

□ introduction 導入部　□ body 本論　□ conclusion 結論
□ component 構成部分　□ detail 詳細　□ picture 思い描く，想像する
□ general 大まかな　□ specific 具体的な　□ individual 個々の
□ rest 残り　□ consist of ～ ～から成り立つ　□ form 形成する
□ encourage 奨励する　□ knowledge 知識

6 やってみよう！ 因果関係を聞き取るための攻略法

🔘 CD-31〜36

- 因果関係っていうのは，「～だから…である」ということですよね？
- **そうだね。原因・理由・影響・結果などを説明する表現**だよ。
- 接続詞としては，"because" などが該当しますよね？ "since" もそうですか？
- そうだね。両方とも**「なぜなら」**という意味で使われるね。他には**「だから」**というのもあるね。「彼にはユーモアがある。だから彼の描く絵は笑える」のようなパターン。今のは順接だけど，その逆もありで「彼の描く絵は温かいけど，本当は苦労人だ」とか。
- え〜？ 英語ではどう結ぶんだろう？ "and" と "but" じゃダメなんですよね？ レベルアップしろってことですね？ はい，聞き取ります！

Lecture
🔘 CD-31

Questions
🔘 CD-32〜36

1. What is the class most likely about?

   (A) Art history
   (B) Classical music
   (C) European history
   (D) Art craft

2. Why does the professor decide to talk about Paul Klee?

   (A) Because students must write a report about his works.
   (B) Because he is the main topic of the course.
   (C) Because the difficulty of classifying him is interesting
   (D) Because there is some time left before the end of class.

3. Which statement can be inferred about Klee from the talk?
    (A) He had great strength within himself.
    (B) He used his musical talent in his works.
    (C) He mainly produced art works that are typical of expressionism.
    (D) He had a lot of political power.

4. Which of the following statements is NOT correct about Adolf Hitler?
    (A) He ordered that Klee be killed.
    (B) He gained power to control some political events.
    (C) He banned the public showing of Klee's works.
    (D) He considered Klee to be a degenerate artist.

5. According to the speaker, what influenced the style of Klee's works?
    (A) An illness that gave his works a sense of bitterness
    (B) Conflicts with his family that gave his works a dark, skeptical feel
    (C) His sense of humor that is reflected in his works
    (D) His imagination that led him to believe he was an angel

スクリプト

Professor: Today, we looked at some famous paintings of previous centuries, and I hope you enjoyed them. Sometimes, by looking at a painter's work, we can see bits and pieces of his or her life, can't we? One of the painters I am very curious about is Paul Klee. I'd say I was motivated to study art because of his paintings. Since we have a few minutes to spare before the end of the class hour, I will brief you on the life of Paul Klee.

Klee was a Swiss-German born in 1879, and created over 10,000 works of art in his lifetime. What impressions did you get from his paintings?

Student A: Ah, they strike me as, you know, sort of dreamy and innocent and playful, like a child's idea. Mostly pleasant and some are funny.

Professor: Yes, exactly. His paintings are known for their dream-like images, childlike playful expressions and humorous touch. Yet, some of his drawings produced right before his death are thought of as very powerful inspirational works. The drawings of angels are good examples. They have the quality of childlike innocence but are very powerful at the same time.

Student B: Ah, what about his life? What you said made me curious about his life too.

Professor: He was greatly gifted as a violinist in addition to his talent in drawing and painting. His parents had high expectations for his future career as a musician, but he just kept enjoying both music and art until he was 35—that was when he finally decided to become a professional painter.

Well, this is what I think of his paintings and his life. Although Klee's works generally give an impression of happiness, warmth and playfulness, he did have a lot of dark aspects within himself. He had conflict with his family as I said earlier. Also, at the peak of his career, an illness set in and eventually took away his physical ability to freely draw and paint. What is worse was that Adolf Hitler, when he had just risen to power, persecuted and defamed Klee as a "degenerate artist" and removed his work from all public exhibits. Yet his spiritual strength gave him courage to look through the dark side of life. He used the power of imagination and a sense of humor to maintain inspiration to live through life's difficulties. I believe that is why his paintings often have the quality of imagination and humor.

Student B: Ah, I've been wondering what category his style should fall in. Is it expressionism or perhaps cubism?

Professor: A good question. Actually, many art historians, including myself, have difficulty classifying his work. He was influenced by many different art styles, including expressionism, cubism and also surrealism. Okay class, time is up now. See you at the next class.

訳

教授：今日は 21 世紀より以前の著名な絵画を見ましたが，楽しんでもらえたかと思います。画家の作品を見ると，その人の人生が垣間見えることがありませんか？ パウル・クレーは私が興味を持っている画家の 1 人です。彼の絵を見て，私は美術を学ぼうという気になったのです。授業の終了時刻まであと数分あるので，少しパウル・クレーの生涯についてお話します。

　クレーはスイス系ドイツ人で 1879 年に生まれ，生涯に 1 万以上の芸術作品を創出しました。彼の絵からはどんな印象を受けましたか？

学生A：ええと，私は彼の作品は，夢のようで無垢で遊び心があって，まるで子どもが思いついたものであるかのような印象を受けますね。ほとんどが心地よく，中にはユーモアのあるものもあります。

教授：はい，そうなんです。彼の絵は夢を思わせるイメージと，子どものような遊びのある表現とユーモアに富んだ作風で知られています。けれど死の直前に書かれたものの中には，とても力強くて感動的だと思われるものもあります。天使の絵がいい例でしょう。子どものような無垢さを備えながらも，同時にとても力強いのです。

学生B：彼はどのような人生を送ったのでしょうか？　先生の説明を聞いて，彼の人生についても興味が出てきました。

教授：クレーは絵を描く才能に加えて，バイオリン演奏者としても非常に才能があったんですよ。クレーの両親は将来は音楽家としての成功に大きく期待していたのですが，クレーは音楽と美術の両方を満喫していました，35 歳でついにプロの画家になろうと決心するまでずっと。

　さて，彼の作品と人生に対する私の考えですが，クレーの作品はたいてい幸福で暖かく遊び心のある印象を与えるものの，クレーの胸中には多くの影の部分が秘められていました。先ほど言ったように，彼には家族との衝突がありました。そし

て，活動の全盛期に病にかかり，それはやがては自由に描くための身体的能力を奪ったのです。さらに悪いことには，権力の座についたばかりのアドルフ・ヒトラーがクレーを迫害し，「退廃的芸術家」として中傷し，すべての公共の展示会からクレーの作品を撤去したのです。けれど彼の精神面の強さが，彼に人生の影の部分を真っ直ぐに見据える勇気を与えたのです。彼は想像力とユーモアのセンスによって，人生の困難を生き抜くためのひらめきを持ち続けたのです。だから彼の絵には想像力とユーモアという特質が備わっていることが多いのだと私は思います。

学生B：あの，不思議に思っていたのですが，クレーのスタイルは何に分類されるのでしょうか？ 表現主義なのでしょうか，あるいはキュービズムなのでしょうか。

教授：いい質問ですね。実を言うと，私を含めて多くの美術史学者らは彼の作品の分類に困っているのです。多くの芸術様式の影響を受けており，その中には表現主義，キュービズム，そしてシュールレアリスムもあります。では時間です。次回お会いしましょう。

設問

1. 何についての授業と思われるか？
   (A) **美術史**
   (B) クラシック音楽
   (C) ヨーロッパ史
   (D) 工芸

2. 教授はなぜパウル・クレーの話をすることにしたのか？
   (A) 学生たちがクレーの作品についてのレポートを書かなければならないから。
   (B) クレーが講座の主題であるから。
   (C) クレーを分類することの難しさが興味深いから。
   (D) **授業の終了時間まで少し時間が残っているから。**

3. 話からクレーについて推測できるのはどの記述か？
   (A) **大きな内面的強さを持ち合わせていた。**
   (B) 自分の作品に音楽的才能を生かした。
   (C) 主に典型的な表現主義の芸術作品を創作した。
   (D) 大きな政治的権力を持っていた。

4. アドルフ・ヒトラーについて正しくない記述は以下のどれか？
(A) **クレーを殺すよう命令した。**
(B) 国政を支配できる権力を得た。
(C) 公にクレーの作品を展示することを禁じた。
(D) クレーを退廃的芸術家だとみなした。

5. 話し手によると，何がクレーの絵の様式に影響を与えたのか？
(A) 彼の作品に苦味を与えた病
(B) 彼の作品に暗い懐疑的な印象を与えた家族との衝突
(C) **彼の作品に反映されているユーモアのセンス**
(D) 自分は天使なのだと思い込ませた彼の想像力

6. 因果関係を聞き取るための攻略法

【解答】
1. (A)　2. (D)　3. (A)　4. (A)　5. (C)

【解説】
1. 〈 主題を把握する問題 　冒頭に講義の「主題・科目」が述べられていることが多い！＋　講義の「主題・科目」はキーワードをつないで推測する場合もある！〉
★何についてのクラスかが問われている。

　教授の発言の冒頭部分に注目しよう。paintings, previous centuries, art などのキーワードがたくさん登場している。それらのキーワードをつないでみれば、「美術の歴史」を扱う授業だということは容易に想像できるはずだ。また、パウル・クレーという画家の人生に焦点を当てていることからも、「美術史」がテーマであることがわかる。正解は (A) **Art history** である。

2. 〈 発話の目的を聞く問題 　設問の主語（教授）の言葉に注意して聞く！＋ "since 〜" で理由を説明している ＋ 正解は言い換えられていることが多い！ some time left → a few minutes to spare〉
★なぜ教授はパウル・クレーの話をしているのか問われている。

　教授の最初の発言は、"Since we have a few minutes to spare before the end of the class hour, I will brief you on the life of Paul Klee."（授業の終了時刻まであと数分あるので、少しパウル・クレーの生涯について話す）と締めくくられている。つまり、a few minutes to spare（数分の余っている時間）が、some time left（少し残っている時間）に言い換えられている。よって正解は、「授業が終わるまで時間があるから」を意味する (D) **Because there is some time left before the end of class.** である。
　なお、今回の講義では "looked at some famous paintings of previous centuries"（前世紀以前の有名な絵画をいくつか見てみよう）と述べていることから、パウル・クレーだけが講義のメインとする (B) は誤り。

3. 〈 推測する問題　正解は言い換えられていることが多い！　spiritual strength → strength within himself〉
★クレーについて推測できることは何かが問われている。

　教授はクレーに降りかかった悲運の数々を説明した後，"Yet his spiritual strength gave him courage to look through the dark side of life."（自身の精神面の強さが，人生の影の部分を見据える勇気を与えた）と述べている。
　これとほぼ同じ内容を表している（**A**）**He had great strength within himself.** が正解である。
　spiritual strength（精神面の強さ）→ "great strength within himself"（自身の内側に備わっている偉大な強さ）に言い換えられていることに注意しよう。
　クレーの作品には expressionism（表現主義）の要素はあるが，typical（典型的）ではないので（C）は誤りである。

4. 〈 内容不一致の問題　NOT 問題は消去法で正解を出せる場合が多い！＋ 言い換えも覚えよう　rise to power → gain power，exhibits → showing，defame → consider〉
★ヒトラーに関する記述として正しくないものが問われている。

　まず，教授の3番目の発言の中で，ヒトラーのことを "he had just risen to power"（政治的権力を得た）と述べているが，rise to power → gain power に言い換えられている（B）は正しい記述である。
　そして，"defamed Klee as a 'degenerate artist'"（クレーを「退廃的芸術家」として中傷した）の defame → consider に言い換えられている（D）も正しい記述。
　さらに，"removed his work from all public exhibits"（公共の展示会からクレーの作品を撤去した）の exhibits → showing に言い換えられている（C）も事実が述べられている。
　ヒトラーはクレーを persecute（迫害）はしたものの，「殺害命令」は出さなかったので，（A）の「ヒトラーはクレーを殺害することを指示した」は誤った記述である。よって正解は，（**A**）**He ordered that Klee be killed.** である。

5.〈"that is why..." で順接を，"although" で逆接を知る〉
　　因果関係を聞き取る問題だよ

★話し手による，クレーの作品が受けた影響について問われている。

　教授は3番目の発言の終わりのところで，クレーのユーモアのセンスについて触れている。"He used...a sense of humor to maintain inspiration to live through life's difficulties."（人生の困難を生き抜くためのひらめきを持ち続けるためにユーモアのセンスを用いた），それに続いて，"... that is why his paintings often have humor."（だから彼の絵画にはよくユーモアがあるのだろう）と述べている。つまり，「ユーモアのセンスが作品に表れている」と述べているのだから，正解は「彼のユーモアのセンスが作品に反映されている」ことを意味する（**C**）**His sense of humor that is reflected in his works.** である。paintings → works に言い換えられていることにも注目しよう。

　選択肢の（A）と（B）は実際に彼を襲った悲運であるが，"Yet his spiritual strength gave him courage to look through the dark side of life."（けれど彼の精神面の強さが，彼に人生の影の部分を真っ直ぐに見据える勇気を与えた）という記述から，それらの悲運が彼に影響を与えていないということが読みとれる。

重要語句をチェックしよう

- □ **curious** 好奇心をそそられた　□ **be motivated** やる気が出る
- □ **brief 人 on 〜** 人に〜について手短に説明する　□ **childlike** 子どものような
- □ **strength** 強さ（**strong** から派生）　□ **playful** 遊び心のある　□ **ability** 〜 能力
- □ **power** 権力　□ **persecute** 迫害する　□ **defame** 中傷する
- □ **degenerate** 退化した　□ **remove** 撤去する　□ **exhibit** 展示
- □ **conflict**（意見などの）衝突　□ **courage** 勇気　□ **inspiration** ひらめき

挑戦！ TOEFL実力テスト 1　CD-37〜42

Conversation　CD-37

Questions　CD-38〜42

1. Where does the conversation most likely take place?
   - (A) A student dormitory near campus
   - (B) The Student Union Help Desk
   - (C) A professor's office on campus
   - (D) The Housing Referral Office

2. Why does the man mention his arrival this morning?
   - (A) To explain that he can't stay much longer today
   - (B) To explain that he is not yet a Student Union member
   - (C) To explain why he hasn't begun his housing search
   - (D) To explain why he prefers to live in an apartment

3. When does the conversation most likely take place?
   - (A) May
   - (B) June
   - (C) July
   - (D) August

4. What is the man most likely to do next?
   - (A) Buy a bicycle or motorcycle for his commute
   - (B) Go to the Housing Referral Office
   - (C) Visit the Student Union website

(D) Fill out a university admission application

5. Check in the correct box for each phrase.

   Based on information in the conversation, indicate which options the man is considering. For each sentence, put a checkmark in the YES or NO column.

	YES	NO
Buying a scooter and living in a student cooperative.		
Living in a private apartment about three miles from campus.		
Renting an apartment and riding a bus ten miles to campus.		
Moving to a new apartment immediately and commuting by bicycle.		

> スクリプト

Narrator: Listen to part of a conversation between a student and a staff member at the student union. The woman is helping a prospective student visiting the campus with housing information.

Woman: Hello. Welcome to the Briar Hill University Student Union. What can I do for you today?

Man: Hi. I've just learned that I've been accepted to the university, and so I'm making an early visit to the campus to talk to professors and arrange some details. I heard from a friend that I could get some housing advice here.

Woman: Certainly. Have you begun your housing search yet?

Man: No. In fact, this is the first time I've ever visited the area. I live in another state, and I just flew in this morning.

Woman: Well, as you can imagine, the housing situation is indeed very crowded around campus. But you do have the advantage of being early.

Man: Right. The first quarter doesn't start for another two months. I'm hoping to arrange things and move in at the beginning of September, about two weeks before classes start.

Woman: What kind of housing situation do you have in mind? I mean, do you want to live in a dormitory, a student co-op, or perhaps a private apartment?

Man: Ideally, I'd like to rent my own room or apartment.

Woman: My first suggestion is that you go to our Housing Referral Office, and then visit their website. They have up-to-date listings of all available rentals in the area. I'm not sure what your budget is, but you're not likely to find your own apartment at any price within a mile of campus. It's a very crowded market. I'm afraid that's just one of the realities of campus life. The basic rule of thumb is, the farther from campus, the lower the rent and the more living space you can find.

Man: I figured that. If I don't get lucky, I'm planning to look for something away from campus. I enjoy cycling, so ideally I'll find something about three or four miles away, and commute by bike.

Woman: A four-mile commuting radius really broadens your options.

Man: Yes, and if that doesn't work out, my next option would be to find an apartment about ten miles from campus, then buy a scooter or motorcycle to commute with.

Woman: Well, it sounds like you've got the situation in hand. I'd suggest you go to the housing office right away. Sometimes they have information in the office that's not posted online yet. And the best apartments naturally

get rented out first, so time is of the essence.
Man: Thank you very much.

訳

ナレーター：学生と学生課のスタッフとの会話の一部を聞きなさい。キャンパスを訪問している入学予定の学生に女性は住居の情報を提供している。

女性：こんにちは。ブライアーヒル大学学生課にようこそ。ご用件はなんでしょう？

男性：こんにちは。ここに入学が決まったところで，早いうちにキャンパスを訪問して教授と話したり，いろいろな手配をしているところなんです。友人からここで住居についてアドバイスしてもらえると聞いたものですから。

女性：その通りですよ。もう住居探しは始めたのですか？

男性：いえ，実はここに来るのは初めてなのです。他の州に住んでいるので，今朝飛行機で着いたところなんです。

女性：ご想像通り，住居についてはキャンパス付近はとても込み合っている状況です。でも時期が早いから有利ですよ。

男性：そうですよね。1学期開始まであと2か月ありますから。いろいろと手配をして9月の初め，つまりクラスが始まる2週間前に越してきたいと思っています。

女性：どんな住居の形態を考えているのですか？ 例えば，寮とか学生生協施設とか，個人専用のアパートとか？

男性：理想的には独り暮らしができる部屋かアパートを借りたいのですが。

女性：まず住居紹介所に行ってからそこのサイトを見てみることをお勧めします。そこには，この地域のすべての賃貸住居の空きの最新リストがありますよ。あなたの予算がどれくらいなのかは知りませんが，キャンパスから1マイル以内ではどんな賃料であっても1人で暮らせるアパートはなかなか見つからないでしょう。とても込み合った市場なんです。残念ですがそれがキャンパスライフの現状です。基本ルールとしては，キャンパスから遠いほど家賃が安くて広いところが見つかります。

男性：そうだと思いました。運よく近くで見つからなくても，キャンパスから離れたところで見つけるつもりです。自転車に乗るのが好きなので，3, 4マイル離れたところで見つけて自転車通学するのが理想的ですね。

女性：4マイルの通学範囲ということなら，選択の幅はかなり広がりますね。

男性：はい，それがうまくいかなければ，次の選択としてはキャンパスから10マイルくらいのところでアパートを見つけて，スクーターかオートバイを買って通学することですかね。

女性：では状況については把握しているようですね。住居の事務局に今すぐ行くといいですよ。そこでまだウェブ上に出ていない情報がわかることもありますよ。それからいいアパートは当然先に借りられてしまうので，善は急げですよ。

男性：どうもありがとう。

設問

1. この会話はどこで行われている可能性が高いか？
   - (A) キャンパス近くの学生寮
   - **(B) 学生課の相談窓口**
   - (C) キャンパス内の教授の研究室
   - (D) 住居紹介所

2. なぜ男性は今朝到着したことを述べているのか？
   - (A) 今日はあまり長くいられないことを説明するため
   - (B) まだ学生課の会員になっていないことを説明するため
   - **(C) なぜまだ住居探しを始めていないかを説明するため**
   - (D) なぜアパートに住むことを好むかを説明するため

3. この会話はいつ行われている可能性が高いか？
   - (A) 5月
   - (B) 6月
   - **(C) 7月**
   - (D) 8月

4. 男性は次にどのような行動を起こす可能性が一番高いか？
   - (A) 通学のために自転車かオートバイを買う
   - **(B) 住居紹介所に行く**
   - (C) 学生課のサイトを見る
   - (D) 大学の出願書を記入する

5. それぞれの文について適切な枠内にチェックを入れなさい。

会話に出てきた情報をもとに，男性が考えている選択を示しなさい。それぞれの文について，YES か NO の欄にチェックマークを入れること。

	YES	NO
スクーターを買って学生生協の施設に住むこと。		✓
キャンパスから3マイルくらいの個人専用のアパートに住むこと。	✓	
アパートを借りてキャンパスまで 10 マイルの距離をバスで通うこと。		✓
新しいアパートに今すぐ引越して自転車で通学すること。		✓

解説

解答
1. (B)　2.(C)　3.(C)　4.(B)
5.

	YES	NO
Buying a scooter and living in a student cooperative.		✓
Living in a private apartment about three miles from campus.	✓	
Renting an apartment and riding a bus ten miles to campus.		✓
Moving to a new apartment immediately and commuting by bicycle.		✓

解説

1. 〈 事実を問う問題　冒頭部に注意して聞くと正解が導き出せることが多い！（現在の状況やこれから扱うトピックが集約されていることが多い）〉
★話し手のいる場所が問われている。

　冒頭部分のナレーションで"at the student union"（学生課の）と明かされ、また女性が"Welcome to the Briar Hill University Student Union."（ブライアーヒル大学学生課にようこそ）と述べている。
　つまり、話し手がいるのは「大学の学生課」なので正解は、(B) **The Student Union Help Desk** である。ちなみに、この help desk とは「窓口」や「受付」のことである。
　また男性が"...this is the first time I've ever visited the area."（ここの地域に来たのは初めてだ）と言っていることから、電話でなく直接話していることもわかる。

2. 〈 発話の目的を聞く問題　Why の質問の正解は強調する単語の次に続くことが多い！⇒ここでは in fact ～の～に正解がある〉
★男性がなぜ今朝到着したと話しているのか、その理由が問われている。

　女性の"Have you begun your housing search yet?"（もう住居探しは始めたか？）という問いに対して、男性は"No. In fact, this is the first time I've ever visited the area. ...I just flew in this morning."（いえ、実はここに来るのは初めてだ。…今朝飛行機で着いたところ）と答えている。つまり、「住居探しを始めてい

ない理由を説明している」ので，正解は（**C**）**To explain why he hasn't begun his housing search** である。

3. 〈事実を問う問題　時期を表す単語（月）に注意して聞こう！＋ "another" に「あと」という意味があることに注意〉
★会話がされている時期について問われている。

　男性が "The first quarter doesn't start for another two months."（1 学期はあと 2 か月は始まらない）と述べているので，学期が始まる 2 か月前の会話であるとわかる。この another は，He will come in another minute.（彼はあと 1 分もすれば来る）のように，「あとどのくらいかかるのか」を示すときに用いられる。また，quarter とは「4 学期制」の場合の「学期」のこと。「3 学期制」の場合は term，「3 学期制」の場合は semester である。

　さらに "I'm hoping to ... move in at the beginning of September, about two weeks before classes start."（9 月の初め，つまりクラスが始まる 2 週前に越してきたい）から，会話の時期が「7 月」だと特定できる。正解は（**C**）**July** である。

4. 〈suggest ＋ 人 ＋ 動詞「人に～することを勧める」という助言。設問の主語でない話者の話をじっくりと聞かなければならない問題である〉
★男性が次に起こしそうな行動は何かと問われている。

　女性は男性の状況を理解すると "I'd suggest you go to the housing office right away." と言って男性に直ちに住居紹介所に行くことを勧めており，また，よいアパートはすぐに貸し出されるので急ぐようにとも言っている。それに対し男性がお礼を言って会話を終えているので，男性は「住居紹介所に行く」と推測できる。よって正解は（**B**）**Go to the Housing Referral Office** である。

　男性が "I've just learned that I've been accepted to the university"（ここの大学に受け入れられたとわかったところだ）と述べていることから，入学許可はすでに下りていることが確認できる。そのため，（D）のような行動は，この時点では不要だとわかる。

5. 〈 まとめを問う問題 "ideally" で理想を語っている〉
★男性の考慮している選択が問われている。

　男性の "...my next option would be to find an apartment about ten miles from campus, then buy a scooter or motorcycle to commute with." (次の選択としてはキャンパスから 10 マイルくらいのところでアパートを見つけて，スクーターかオートバイを買って通学すること) という発言から，**選択肢の 1 つ目と 3 つ目が NO** であると判断できる。そして，"I enjoy cycling, so ideally I'll find something about three or four miles away, and commute by bike." (自転車に乗るのが好きだから，理想的なのは 3，4 マイル離れたところで見つけて自転車通学すること) から，**2 つ目の選択肢が YES** であるとわかる。
　また，設問 3 で男性が越して来る時期は 9 月の初めだと確認しているので，「直ちに引越す」という内容の，**選択肢の 4 つ目は NO** だとわかる。

正解

	YES	NO
Buying a scooter and living in a student cooperative.		✓
Living in a private apartment about three miles from campus.	✓	
Renting an apartment and riding a bus ten miles to campus.		✓
Moving to a new apartment immediately and commuting by bicycle.		✓

挑戦！ TOEFL実力テスト 2 CD-43〜49

Lecture   CD-43

Questions   CD-44〜49

1. What is the lecture mainly about?
    (A) Organisms that live in harsh environments
    (B) Environments most likely to support life
    (C) Laws protecting the environment from pollution
    (D) Animals that evolved from sea creatures

2. In what way are some "extremophiles" unique?
    (A) They spread more rapidly than ordinary microbes.
    (B) They can live in water hotter than 100 degrees Celsius.
    (C) They can only be seen with a microscope.
    (D) They are only found in very cold or hot environments.

3. Listen again to part of the talk. Then answer the question.
   What does the professor imply when he says this:
    (A) He will now take questions from the students.
    (B) He is almost finished talking about this subject.
    (C) He plans to stray briefly from the main topic.
    (D) He intends to teach an entire course on the subject.

4. What words does the professor provide definitions for? Choose 2 answers.
    (A) Rifles
    (B) Tenacity

(C) Antarctic

(D) Microbes

5. Why does the professor mention nuclear power plants?

   (A) To help explain a peculiar organism

   (B) To emphasize the need for new energy sources

   (C) To give an example of unintended results

   (D) To show how deadly radiation is absorbed

6. Listen again to part of the talk. Then answer the question.

   What can be inferred about the professor when he says this:

   (A) He belongs to an association of scholars.

   (B) He helped discover these organisms.

   (C) He takes a personal interest in the subject.

   (D) He learned about the subject recently.

スクリプト

Narrator: Listen to part of a talk in a biology class. The professor is discussing an unusual creature.

Professor: During the coming month, we're going to look into what I think are really some of the most fascinating creatures ever found. We're going to do a fairly detailed study of living things that are able to survive in extreme environments. These are microbes ... uhh, that is to say, living things so small that they can only be seen under a microscope— microbes that can survive in places that are so hot, so cold or so poisonous that other forms of life couldn't live there.

We call these microbes "extremophiles". And the name is easy to understand. As you may know, the suffix "-ophile" is from a Greek word meaning "to like", while "extreme" refers to the environments in which these microbes live. So "extreme" ... "-ophiles" are microbes that like to live in very hot, very cold, very poisonous or otherwise harsh environments.

Before examining the individual creatures themselves, let's take a look at the environments in which they are found, and why other creatures cannot live in these environments. The extreme cold of the Arctic and Antarctic, for instance, creates frozen, dry environments. Although water is plentiful, it is mostly frozen solid, and is therefore useless to most life forms. But ice-loving microbes are able to stay alive in ice for many years by slowing down their life functions almost to a stop until heat returns and makes liquid water available again. Extremophiles have also been found near the volcanic vents on the ocean floors. These heat-loving microbes are known to survive in temperatures well over 100 degrees Celsius and at extremely high pressures. Other environments in which extremophiles have been found are characterized by dry heat and a lack of oxygen or light, as well as the presence of otherwise deadly chemicals such as acids and salt, or atomic radiation.

Extremophiles have been found living inside rocks deep beneath the earth's surface. And one type has even been found living on the control rods that keep nuclear reactions under control at nuclear power plants. These last creatures are regarded as the toughest extremophiles of all because radiation is so deadly to all other known forms of life. These extremophiles are my personal favorites just because of their tenacity— their ability to stubbornly cling to life in places you would never expect to find even an extremophile. I just love studying these little guys. They fascinate me because they're the toughest of the tough.

OK, so that's our brief introduction. Now let's take a closer look at how we identify, describe and classify the various types of extremophiles that are out there.

訳

ナレーター：生物学の授業での話の一部を聞きなさい。教授は特異な生物について論じている。

教授：これから1か月間は，これまでに存在が確認されている生物の中で，最も興味をそそられるものについてくわしく見ていきます。非常に厳しい環境のもとでも生息可能な生物について，かなり詳細に研究していきます。それは微生物…ええと，つまり，小さすぎて顕微鏡でないと見えない生き物のことですが，その中でも他の生命体では生存し得ないような極端に暑い，寒い，あるいは有毒な場所でも生存する微生物のことを指します。

こうした微生物を"extremophiles"（好極限微生物）と呼びますが，これはわかりやすい名称です。みなさんも知っているかもしれませんが，接尾辞の"-ophile"は「好む」を意味するギリシャ語で，"extreme"（極限の）はこうした微生物が住む環境を表しています。だから"extreme""-ophile"とは極端に暑かったり寒かったり，非常に毒性が強かったり，あるいはそれ以外の厳しい環境を好んで生息する微生物のことなんです。

それでは個々の生物について調べる前に，こうした微生物がいる環境について，また，なぜ他の生物は同様の環境で生き延びることができないかについて考えてみましょう。例えば，北極や南極の極端な寒さは凍結して乾燥した環境を生み出します。水は豊富でも，そのほとんどは固く凍結しており，ほとんどの生命体には役に立ちません。しかし氷を好む微生物は，再び温度が上がって液体水が得られるまで生命維持機能をほぼ停止状態に落とし，氷の中で何年も生き続けることが可能です。また海底火山の火口近くにも好極限微生物は発見されています。熱を好むこうした微生物は，摂氏100度をゆうに超え，圧力が極端に高い場所でも生息することが知られています。他に好極限微生物が発見された環境は，乾燥して熱いこと，酸素や光のないこと，酸や塩といった他の生命体には致死的な化学物質や放射能が存在することといった特徴をもっています。

地表面下深くの岩盤の中にも好極限微生物が発見されています。原子力発電所内の核反応を抑えるための制御棒の表面で見つかった種すら存在します。最後に紹介した生物は好極限微生物のなかでも最強の部類とされています，というのは，この生物以外の知られうる限りすべての生命体にとって放射能とは極めて有害なものだからです。こういう好極限微生物が私の個人的なお気に入りで，それはひとえにその頑強さ，つまり好極限微生物さえ見つかりそうにない場所でひたすら生き延びようとするその能力のためです。私はこの小さな生き物たちを観察するのが実に楽しいのです。何しろ彼らはたくましい連中のなかでも極めつけに頑丈なので，興味をそそられるのです。

さて，簡単な前置きはここまでとします。それでは，世界に存在するさまざまな種類の好極限微生物をいかに特定，図示，分類するかについて綿密に考察してみましょう。

設問

1. この講義は主に何についてか？
   - **(A) 厳しい環境に生きる生物**
   - (B) 最も生命を維持できそうな環境
   - (C) 汚染から環境を守るための法律
   - (D) 海の生物から進化した動物

2. どういう点で，一部の好極限微生物は独特なのか？
   - (A) 普通の微生物より増殖が速い。
   - **(B) 摂氏100度を超える熱湯の中でも生息できる。**
   - (C) 顕微鏡でしか見ることができない。
   - (D) 非常に低温か高温の環境でのみ発見される。

3. 話の一部をもう一度聞き，設問に答えなさい。（P.180 下線部参照）
   教授の次の発言は，何を意図しているか？（下線部内の太字参照）
   - (A) 教授は次に学生から質問を受けるつもりである。
   - (B) 教授はこの主題についてほとんど話し終わっている。
   - **(C) 教授は本題からしばらくの間だけ離れるつもりである。**
   - (D) 教授は全課程を通じてこの主題を教えるつもりである。

4. 教授は次のどの言葉を定義しているか？ 2つ選ぶこと。
   (A) ライフル銃
   (B) 頑強さ
   (C) 南極圏
   (D) 微生物

5. なぜ教授は原子力発電所について触れているのか？
   (A) 特異な生物についてわかりやすく説明するため
   (B) 新しいエネルギー源の必要性を強調するため
   (C) 予期せぬ結果の一例を示すため
   (D) 有害な放射能がどのように吸収されるかを示すため

6. 話の一部をもう一度聞き，設問に答えなさい。（P.181 下線部参照）
   教授の次の発言から，何が推測できるか？（同上）
   (A) 教授は教授会に所属している。
   (B) 教授はこうした生物の発見に貢献した。
   (C) 教授はこの課題に個人的に興味をもっている。
   (D) 教授はこの課題について最近学んだ。

解 説

【解答】
1.（A） 2.（B） 3.（C） 4.（B）（D） 5.（A） 6.（C）

【解説】
1. 〈**主題を把握する問題** 冒頭に講義の主題が述べられていることが多い！＋ 正解は言い換えられていることが多い！ living things → organisms, extreme → harsh〉 これが講義では定番の、主題に関する問題だよ
★講義の主な内容が問われている。

冒頭で教授が"We're going to do a fairly detailed study of living things（≒ organisms）that are able to survive in extreme（≒ harsh）environments."（極限の環境で生存できる生物についてのかなり詳細な研究を行っていく）と述べている。

正解は、「厳しい環境に生きる生物」を意味する（**A**）**Organisms that live in harsh environments**。正解の選択肢では、living thing → organism, extreme → harsh に言い換えられている。

2. 〈"some extremophiles"で尋ねられたら、「一部」の好極限微生物の特徴に焦点を当てて聞く〉
★一部の好極限微生物が独特である理由が問われている。

教授は第３段落で数々の好極限微生物をあげたが、海底火山に生息する種の説明として"These heat-loving microbes are known to survive in temperatures well over 100 degrees Celsius...."（熱を好むこうした微生物は摂氏100度をゆうに超えたところでも生息する）とあることがヒント。

正解の選択肢では、survive → live に、well over 100 degrees Celsius → hotter than 100 degrees Celsius に言い換えられている。

つまり、「摂氏100度を超える熱湯の中でも生息できることを意味する」ので正解は（**B**）**They can live in water hotter than 100 degrees Celsius.** である。

（C）は微生物一般の特徴であり、好極限微生物固有の特徴ではない。また（D）は好極限微生物の特徴に関する記述ではあるが、「一部の好極限微生物に固有な特徴」とはいえない。

3. 〈**発話の目的を聞く問題** 冒頭の講義内容を思い出そう！＋ **TOEFLによく出る** stray from the main topic「主題トピックから脱線する」〉
★教授が述べた「それでは個々の生物を調べる前に, こうした微生物がいる環境について…考えてみよう」が意図することが問われている。

教授は冒頭で "We're going to do a fairly detailed study of living things..."（…な生き物についてかなり詳細に研究していく）と述べている。ここから, この講義のメインテーマは「好極限生物」であることがわかる。
ところが, 第3段落では "Before examining the individual creatures themselves,"（個々の生物について調べる前に）, "let's take a look at the environments in which they are found, ..."（それらの生息環境について見てみよう）と述べられている。「好極限生物自体の話はひとまず置いておいて…」と, 「本論から脱線すること」を予告している。
よって, 正解は「講義目的が一時棚上げされてやや脱線する」ことを意味する(**C**) **He plans to stray briefly from the main topic.** である。

4. 〈**まとめを問う問題** 講義の聞き取りでは話し手がやさしく言い換えたり, 説明を添える部分を聞き取れるようになろう！＋ やさしい表現への言い換えの that is to say（つまり）は大きなヒント〉
★教授が定義した, つまり, 説明を付けた用語を2つあげることが求められている。

第1段落では "These are microbes, that is to say, living things so small..."（これらは微生物で, つまりは小さい生き物で…）と微生物とは何かを定義しながら説明をしていたので, 正解の1つは(**D**) **Microbes** である。
また第4段落では "...because of their tenacity—their ability to stubbornly cling to life..."（それはひとえにその頑強さゆえで, つまりひたすら生き延びようとする…）のように "tenacity" に説明を添えている。つまりもう1つの正解は(**B**) **Tenacity** である。

5. 〈 発話の目的を聞く問題　それまでの内容を思い出そう！　南北極の氷→海底火山→原子力発電所〉
★なぜ教授は原子力発電所の話をしているのか問われている。

　第3段落で極地の氷の中と海底火山火口で生息する好極限微生物の発見の話，第4段落で地下深層岩盤内でも発見されたことから原子力発電所へと話が移ると，そこでも好極限微生物が発見されたことが推測できる。そして実際に "…one type has even been found living on the control rods that keep nuclear reactions under control at nuclear power plants."（ある種は，原子力発電所内の核反応を抑えるための制御棒の表面で見つかった）と述べている。
　peculiar organism とは「特異な生物」という意味である。「特異な生物についてわかりやすく説明するため」を意味するので，正解は（**A**）**To help explain a peculiar organism** である。

6. 〈 推測する問題　正解は言い換えられていることが多い！　fascinate ＋ 人「人の興味をそそる」→ take a personal interest「個人的に興味をもつ」〉
★「この小さな生き物たちを観察するのが実に楽しい。何しろたくましい連中のなかでも極めつけに頑丈なので興味をそそられる」から，教授について何が推測できるかが問われている。

　教授は原子炉の中で生きていける好極限微生物の話をした後で，"They fascinate me…" と語っている。つまり「彼は興味をそそられている」ということなので，正解は（**C**）**He takes a personal interest in the subject.** である。

おまけコーナー　　**科学系のクラスを取るときは…**

　科学系のクラスを取る際には，"lab" も一緒にとる必要がないか，講義スケジュールや履修便覧で確認しておきましょう。生物学なら実験，天文学なら観測などが必須となっていることがあり，別にクラス登録が必要となる場合も多いのです。ちなみに日本語では「ラボ」と言いますが，Laboratory の略で英語では「ラブ」と発音します。

Chapter 3

スピーキング・セクションの攻略法

TOEFL スピーキングを知ろう！

　ヘッドフォンでトピックを聞き，自分の解答をマイクで録音します。このようなスピーキングテストは珍しく，なじみがないため，不安に感じる人がほとんどではないでしょうか？　TOEFLスピーキングの内容と構成を知り，対策と訓練を行うことでコツがつかめて不安は解消されます。英語によるコミュニケーション能力の大幅な向上が期待できますので，ぜひ前向きなチャレンジ精神で臨んでみてください。

TOEFL スピーキング概要

TOEFL スピーキングは合計 20 分で 30 点満点です。
Independent Speaking Task（単独型スピーキングタスク）
Integrated Speaking Task（統合型スピーキングタスク）
に分かれています。

　画面に現れる短い設問に口頭で解答する「単独型」に対し，「統合型」はリスニングとリーディングで情報を得てから設問に口頭で答えるので，複数のタスクが統合されています。

　各解答は 0 〜 4 点のスケールで採点され，最終的に 30 点満点に換算されます。

Independent Speaking Task（単独型スピーキングタスク）*		
設問1	好みと理由を問う問題	準備 15 秒・解答 45 秒
設問2	支持する意見を選択し，その理由を問う問題	準備 15 秒・解答 45 秒

* それぞれ画面に設問が現れる。

Integrated Speaking Task（統合型スピーキングタスク）(R + L)**		
設問3	大学生活に関する情報を要約する問題	準備 30 秒・解答 60 秒
設問4	講義から得た情報について問う問題	準備 30 秒・解答 60 秒

** それぞれリーディング(45秒)とリスニング(60〜90秒)の両方で情報を得る。

Integrated Speaking Task（統合型スピーキングタスク）(L)***		
設問5	大学生活に関する情報を要約する問題	準備 20 秒・解答 60 秒
設問6	講義から得た情報について問う問題	準備 20 秒・解答 60 秒

*** それぞれリスニング(設問5：60〜90秒，設問6：90〜120秒)で情報を得る。

TOEFL スピーキング攻略の6ステップ

❶ 単独型スピーキングタスク(設問1・2)対策

STEP 1　理由説明に役立つ構文を身につける　　　　　(攻略法1)
↓
STEP 2　説明に説得力を加える「共通項」を身につける　(攻略法2)
↓
STEP 3　TOEFL形式の問題で「理由説明」を実践　　　(攻略法3)

❷ 統合型スピーキングタスク(設問3~6)対策

STEP 4　情報の要点(ポイント)を的確に押さえる　　　(攻略法4)
↓
STEP 5　得た情報を自分の言葉で表現する　　　　　　(攻略法5)
↓
STEP 6　TOEFL形式の問題で「ポイントを伝える」実践　(攻略法6)

❸ TOEFLスピーキング総合対策

TOEFL形式の問題に挑戦　　　　　　　　　　　　　(実力テスト)

1　Independent Speaking Task（単独型スピーキングタスク）

　設問1と2は，好みや支持したい意見について話した上でその理由説明を求められる単独型スピーキングタスクなので，**原因や結果について述べるための構文**をすぐに使えるように身につけておきましょう。

攻略法1　理由説明に役立つ構文力を身につけよう！

　原因と結果について語ることで理由説明がしやすくなり，エッセイを書くときにも役に立ちます。以下の構文を使えるようにして，表現力をアップさせましょう。

スピーキングで役立つ理由説明のための構文一覧

構文	例
［結果（文）］+ **because** + ［原因（文）］． 「なぜなら」 （理由を強く述べる）	I like to study alone **because** I can do it at my own pace.*1 （自分のペースでできる**から**1人で勉強するのが好きだ）
Since + ［原因（文）］, ［結果（文）］． 「…なので〜だ」	**Since** I have many brothers and sisters, I am used to sharing a room with others.*2 （兄弟が多い**ので**，部屋を人と共有することには慣れている）
As + ［原因（文）］, ［結果（文）］． 「…なので〜だ」 （because/sinceほど強くない）	**As** my class was canceled, I spent the hour at the library.*3 （休講だった**ので**，その時間は図書館で過ごした）
［原因（文）］, + **so** + ［結果（文）］． 「…なので〜だ」	I missed my bus, **so** I was late for the class. （バスに乗り遅れた**ので**，クラスに遅刻した）
［行動（文）］+ **so (that)** + ［望む結果（文）］． 「…となるように」	I would like to live near campus **so that** I don't have to buy a car. （車を買わずにすむ**ように**キャンパスの近くに住みたい）

構文	例
［結果（文）］＋ **because of** ＋［原因（名詞）］． 「〜のため」	We had to stay in the hotel all day **because of** the storm.*4 (嵐**のため**一日中ホテルで過ごさなければならなかった)
The reason why ＋［結果（文）］＋ **is/was that** ＋［原因（文）］． 「…の理由は〜だ」	**The reason why** I would not consult with my parents **is that** their values are different from mine. (私が両親に相談をしない**理由は**，価値観が私とは異なる**から**だ)
［原因(文)］．**That is why** ＋［結果(文)］． 「だから［そういうわけで］…だ」	I believe the best way to learn is by doing. **That is why** I act first. (最善の習得方法は行動することだと確信している。**だから**私はまず行動する)
［行動（文）］．**That way,** ＋［望む結果（文）］． 「そうすれば…だろう」	She should get a summer job. **That way,** she can buy a new computer. (彼女は夏休みはアルバイトをするべきだ。**そうすれば**，新しいパソコンが買えるだろう)
［原因（文）］．**As a result,** ＋［結果（文）］． 「その結果…だ」	The students' parking area was expanded. **As a result,** more students are driving to campus. (学生用の駐車場が拡大された。**その結果**，より多くの学生が自動車通学するようになった)

*1 Because I can do it at my own pace, I like to study alone. としても可。

*2 I am used to sharing a room with others since I have many brothers and sisters. としても可。

*3 I spent the hour at the library as my class was canceled. としても可。

*4 Because of the storm, we had to stay in the hotel all day. としても可。

練習問題1 1〜3の2つの文を, P.190〜191の構文を用いてつなぎなさい。ただし, **それぞれの文に複数の構文の適用が可能**。また, 4〜6の（　）に適切な語を入れなさい。

1.
I prefer to contact friends by e-mail.
Phone calls sometimes disturb people.

_____

_____

2.
I suggest she quit her night job.
She can spend more time studying.

_____

_____

3.
I went through lots of trouble during the trip.
I remember it as a good learning experience.

_____

_____

4.
I would like to get a part-time job on campus. (　　　) (　　　), I can meet students of the college and practice using English.

5.
I listen to soothing music before tests (　　) (　　　) I can relax.

6.
I have lots of pressure (　　　) (　　) my parents' high expectations for me.

> このような理由説明の英文を何度も書いて記憶し, 話せるようになろう。「**書ける＝話せる**」だよ！

解答

■練習問題1

1.

解答例 A I prefer to contact friends by e-mail **because** (since/as も可) phone calls sometimes disturb people.

解答例 B **The reason why** I prefer to contact friends by e-mail **is that** phone calls sometimes disturb people.

（私が友人への連絡に電話よりもメールを好むのは，電話だと邪魔をしてしまうことがあるからだ）

2.

解答例 A I suggest she quit her night job **so** (**that**) she can spend more time studying.

解答例 B I suggest she quit her night job. **That way,** she can spend more time studying.

（彼女には夜の仕事をやめることを勧める。そうすれば，もっと勉強に時間を割くことができるだろう）

3.

解答例 A I went through lots of trouble during the trip. **That is why** I remember it as a good learning experience.

解答例 B I went through lots of trouble during the trip. **As a result,** I remember it as a good learning experience.

（旅行中，たくさんのトラブルにあった。だからこそ，その旅行のことをよい学習経験として覚えている）

4.

I would like to get a part-time job on campus. (**That**) (**way**), I can meet students of the college and practice using English.

（キャンパスでアルバイトをしたい。そうすれば，大学の学生に出会えるし英語を使う練習もできる）

5.

I listen to soothing music before tests (**so**) (**that**) I can relax.

（リラックスするために試験の前には癒やし系の音楽を聞く）

6.
I have lots of pressure (**because**) (**of**) my parents' high expectations for me.
(両親の私への高い期待のせいで，多くのプレッシャーがのしかかっている)

攻略法2　「共通項」の言葉で伝えていこう！

　自分の**主観的な気持ちを語ることは，説明に説得力を付加する基本**となります。
　例えば，「好き」という主観的な気持ちを聞き手に理解してもらうポイントは，それが万人に通じる**客観的な説明になっているか**です。「好き」という気持ちは本人にとっては自然で当たり前のものなので，どうしても説得力を欠いたものになりがちだからです。
　相手にうまく伝えるには，万人に共通して受け入れられる「共通項」の言葉を用いるのが効果的です。つまり「共通項」の言葉とは，**人によって判断が異ならない，万人に共通して通じる言葉**を指します。

共通項例1：共通して「よい」と判断される言葉の例
good / success / reasonable / beautiful / wonderful / effective

共通項例2：共通して「悪い」と判断される言葉の例
bad / dangerous / ugly / weak / boring / damage / inconvenient / poor

共通項とならない言葉の例
「よい」との判断として：
　　quiet（にぎやかさが望まれることも。**peaceful** なら可）
　　new（なじみのある無難さを求める場合には不適）
　　popular（評判だけなので説得力がない）
「悪い」との判断として：
　　busy（需要の高さではいいこと。**too busy** なら可）
　　strict（「几帳面」や「完全」といういい意味も）
　　plain（「地味」「質素」以外に「簡単でわかりやすい」という意味も）

> **練習問題2** 「自分の住んでいる地域が好き」の説明として「説得力がある」と感じるものは1～3のどれか。またそれぞれの「好き」の説明となる「共通項」の言葉はどれかを示し、説得力のない文は説得力がつくように書き換えなさい。

1.

I can see a beautiful sunset from my balcony most evenings. It is a nice reward to see it at the end of the day, which I am very lucky to have.

2.

Many of the homes and shops in my neighborhood are old. I have known most residents and shop owners since I was small.

3.

I live in an urban area. There are many shops near my house that stay open late at night.

解答

■ 練習問題2

1. beautiful / a nice reward / lucky

訳 夕方にはたいてい家のバルコニーから美しい夕焼けを眺めることができる。1日の終わりにそれを見るのは素敵なご褒美であり，それを持てるのは幸運なことだ。

解説 聞いた人は「共通項」の言葉に説得力を感じ，話し手がその地域をとても好んでいることにほぼ無条件で納得する。人の好みや背景は違っていても，ほとんどの人がこれらの3つの事項は好ましいことだと納得するだろう。

2. なし

訳 私の近所にある家や店の多くは古い。住人や店主らのほとんどを小さい頃から知っている。

解説 「共通項」という視点で見ると，「この町は好ましい」という気持ちに共感するのは，古い町や昔からの近所付き合いに価値を置く人たちのみに限定されてしまう。中立的な立場の人にとっては，old homes and shops や I have known most residents and shop owners という事実は，必ずしもそれ自体で「好ましい地域」という判断にはつながらない。そこで「共通項」の出番となる。この場合，アピールできる特徴としてあげられるのは，「親しみを感じる」「なじみ深さ」なので，以下のように変えよう。

改善例 Many of the homes and shops in my neighborhood are old. I feel **comfortable** having known most residents and shop owners since I was small. That is why I **enjoy** living in this **friendly**, familiar town.

訳 私の近所にある家や店の多くは古い。そこの住人や店主らのほとんどを小さい頃から知っているというのは**居心地のいい**ものだ。だから，この**親しみを感じる**なじみある町で暮らすのは**楽しい**。

解説 comfortable, enjoy, friendly といった「共通項」の言葉が増え，説得力が増し，話に締まりが出た。古い町の温かい雰囲気が打ち出され，聞き手はプラスにとらえるよう導かれる。このように，万人がすぐには賛同しない意見でも，「共通項」の言葉を含む説明を付け足すことによって説得力が得られる。

3. なし

訳 私は都会に住んでいる。家の近くには多くの店が遅くまで開いている。

解説 「共通項」について考えると，落ち着いた静かな地域こそが住むのに最適と考える人には説明不足と気付く。「共通項」の言葉のある説明を添えよう。

> **改善例** I live in an urban area, so there are many shops near my house staying open late at night. Because I live alone and sometimes work late, it is very **convenient** that I can buy some food on the way home from my evening shift. Also, the lights from shops make the area **safe** at night.
>
> **訳** 私は都会に住んでいるので，近所の多くの店が遅くまで開いている。私は独り暮らしで時々仕事で遅くなるので，夜のシフトからの帰りに食料品が買えるのはとても**便利**だ。そして店舗の明かりのおかげで夜でも**安全**な地域だ。
>
> **解説** 共通項となる言葉は，convenient, safe で，また個人の事情（独り暮らしで帰宅が遅いことがある）を説明することで，「その立場の人ならそこはいい地域なのだろう」と聞く側は納得する。このように，「共通項の言葉を含む説明」と「話し手の立場の説明」を入れることで，説得力をつけることが可能である。

| 攻略法 3 | 「話し手の立場」を加えて説得力を強めよう！ |

　では，実際に共通項の言葉を使って「好き」を伝える実践をしましょう。共通項の言葉を含む説明を心がけ，また話し手の立場の説明を加えることで説得力がつきます。

解答のチェックポイント！　説得力を持たせるには…

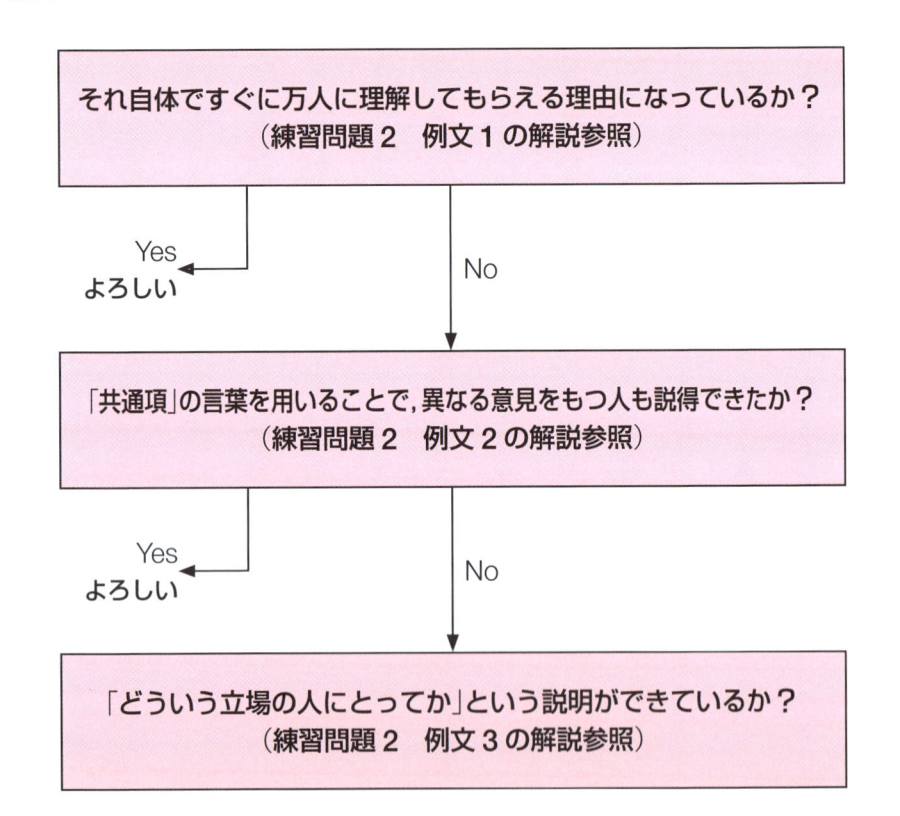

```
┌─────────────────────────────────────────────┐
│ それ自体ですぐに万人に理解してもらえる理由になっているか？ │
│        （練習問題2　例文1の解説参照）            │
└─────────────────────────────────────────────┘
   Yes ←         │ No
   よろしい        ↓
┌─────────────────────────────────────────────┐
│「共通項」の言葉を用いることで，異なる意見をもつ人も説得できたか？│
│        （練習問題2　例文2の解説参照）            │
└─────────────────────────────────────────────┘
   Yes ←         │ No
   よろしい        ↓
┌─────────────────────────────────────────────┐
│「どういう立場の人にとってか」という説明ができているか？ │
│        （練習問題2　例文3の解説参照）            │
└─────────────────────────────────────────────┘
```

> **練習問題 3** 「好みと理由を語る」を，TOEFL Independent Speaking Task（単独型スピーキングタスク）形式で答えなさい。TOEFL ではそれぞれ準備 15 秒，解答 45 秒であるが，慣れるまでは長めに時間を取って何度でも繰り返しなさい。

1．好みと理由を問う問題

What do you like about the area where you live? Also state the reason why.

Get Ready...
　　↓（15 秒で準備）　**アドバイス：共通項の言葉を使おう！**

では 45 秒で解答を
Start!

2．支持する意見を選択し，その理由を問う問題

Some people like to live in the country and others like to live in the city. Which do you prefer? Explain why.

Get Ready...
　　↓（15 秒で準備）　**アドバイス：共通項の言葉を使おう！**

では 45 秒で解答を
Start!

解答

■ 練習問題 3

1. 今の自分の家や住んでいる地域で好きなところは何か？ またその理由はなぜか？

解答例

I **like** the river in my town. There are always **pretty** flowers growing along the river. The flowers change with each season and they are always **fresh** so that people can **enjoy** looking at them. I **look forward to** seeing the flowers when I walk by because they make me **feel good**. For this reason, I like the **beautiful-looking** river in my town.

訳 私は住んでいる町の川が**気に入っている**。川沿いにはいつも**かわいい**花が咲いている。花は季節ごとに変わり，いつも**新鮮**で，見る人を**楽しませる**。花で**気分がよくなる**ので，私はそばを通るのが**楽しみ**だ。そんなわけで私は，住んでいる町の**綺麗な眺め**の川が好きだ。

解説 よい評価を表す共通項の言葉
like, pretty, fresh, enjoy, look forward to, feel good, beautiful-looking

2. 田舎で暮らすのを好む人もいれば，都会で暮らすことを好む人もいる。あなたはどちらがいいか？ 理由も説明しなさい。

解答例

I prefer to live in the city because of its **convenience**. I live in the countryside now and it takes me more than two hours to go to college every day. Every time I join in an event, I usually have to travel very far because I live far away from everything, and I believe it is such a disadvantage. If I can live in the city, many of the places I go will be closer and I can **save time** and **do more things**.

訳 私は都会で暮らすほうがいいと思う。というのは都会の**利便性**のためだ。今は田舎で暮らしていて，大学に通うのに毎日2時間以上かかっている。イベントに参加するたびに，すべての場所から遠くに住んでいるため長い移動をしなければならず，それは不利なことだ。もし都会で暮らしたら私が出かける場所は近くなり，**時間が節約できてもっと多くのことができる**だろう。

解説 共通項の言葉

田舎のマイナス面を表す（下線）: takes more than two hours ... every day, travel very far, a disadvantage

都会のプラス面を表す（**太字**）: **convenience, save time, do more things**
共通項の言葉に加え，実感している田舎暮らしの不便さを訴えることで，今の自分の状況もうまく説明できている。

2 Integrated Speaking Task（統合型スピーキングタスク）

　統合型スピーキングタスクでは，設問3と4はリーディングとリスニング，5と6はリスニングのみを元にして情報・状況をつかみ，それについて述べられた意見やポイントをスピーキングでまとめます。
　内容のポイントを押さえて簡潔にまとめる能力が求められます。

攻略法4　情報を「言葉」ではなく「意味」でとらえよう！

　TOEFLスピーキングで即戦力となるのは，英語の内容を「**言葉**」ではなく「**意味**」**でとらえ**，「**自分の英語**」**で再現**できる能力です。
　リーディングやリスニングの内容を理解する際，丸暗記では記憶容量がすぐにパンクしますし，知らない単語に遭遇した時点で先に進めなくなってしまいます。しかし，**内容を意味や理論でとらえておく**と，記憶に残りやすくなります。
　また，そのままの英語を再現できなくても，「**自分の英語**」**で表現**できるようにしておけば，TOEFLスピーキングにおいてかなりの強みとなります。

練習問題 4 「言葉」ではなく「意味」の理解を中心にとらえられるかを確認するため，辞書は使わずに，1～3の下線部の単語の意味を内容から推測しなさい。

1. dehydration

When conducting an outdoor activity in summer, one thing which should not be overlooked is the supply of drinking water. <u>Dehydration</u> can result in death in some very serious cases. Old people especially need to be cautious against <u>dehydration</u> as the sense of thirst may have been gradually lost over the years. So sometimes they don't drink enough for not being aware of their need for water.

2. inherit

Many people may believe that habits are generally learned in the environment while growing up. Yet, some argue that habits are <u>inherited</u> just as the colors of the eyes and hair. If habits are something that a person is born with, it explains why some habits, such as smoking and drinking, are very difficult to control.

3. bulimia

Some eating disorders can be seriously dangerous to the body. <u>Bulimia</u> occurs when someone does not feel satisfied when the stomach is full. So he or she keeps eating. In some cases, this is done to relieve stress. Sometimes it is difficult to stop this unhealthy pattern because overeating can cause more stress.

解答

■ 練習問題 4

1. dehydration

ヒント1：outdoor ／ in summer → drinking water → Dehydration → death
（野外／夏 → 飲み水 → Dehydration → 死亡）

ヒント2：dehydration = the sense of thirst → lost → don't drink enough
（dehydration = のどが渇く感覚→失くすと→水分補給不足）

解答 脱水・脱水症状

訳 野外活動を夏に行う際に，見落としてはならないことの1つは飲み水の補給である。脱水症状は非常に深刻な場合，死に至ることもありうる。特に高齢者は脱水に注意しなければならない，というのはのどが渇くという感覚が年を経て少しずつ失われてきているかもしれないからである。そのため，高齢者は水分補給の必要性に気付かずに飲み足りていないことがある。

2. inherit

ヒント1：habits: learned or inherited？
（習慣とは：学習したものか，inherited なのか？）

ヒント2：inherited = the colors of the eyes and hair
（inherited = 目や髪の色）

ヒント3：If habits / born with → very difficult to control
（習慣が生まれつきなら → コントロールは非常に困難）

解答 遺伝する

訳 多くの人が習慣は育った環境で学習したものだと一概に信じている。しかし，中には習慣とは目や髪の色のように遺伝するものだと論じる人もいる。もし習慣が生まれつきのものだとしたら，喫煙や飲酒のような習慣は自制するのが非常に困難である。

3. bulimia

ヒント1：Bulimia ← not feel satisfied when the stomach is full
（Bulimia ← 満足したと感じない 満腹時でも）

ヒント2：Bulimia = keeps eating ／ to relieve stress
　　　　（Bulimia ←食べ続ける／ストレス解消のため）

解答　過食症

訳　摂食障害のいくつかは身体にとって非常に危険なことになりうる。過食症は，満腹になっても胃が満たされていないと感じる時に起こる。そうすると食べ続けることになり，場合によってはストレス解消のためにそうすることがある。こういう不健康なパターンを止めるのは時には難しい。なぜなら食べ過ぎがさらなるストレスを引き起こしうるからである。

| 攻略法5 | 「意味」でとらえた情報を自分の言葉で再現しよう！ |

アドバイス：**TOEFL スピーキング力の養成となるやり方は…**
1. メモはポイントだけに留めること。
   （すべて書き写そうとすると，聞き取りがおろそかに！）
2. 「言葉の丸暗記」ではなく「要点(ポイント)を押さえること」で内容を覚えよう。

| 練習問題5 | 聞こえてくる英文の「内容」を，意味を変えずに自分の英語で伝えなさい。メモを取っても構わない。まず一度通して聞き，全体の内容をつかみなさい。 |

Narration　　　　　　　　　　　　　　　　　　　　　　　CD-50

メモ用スペース：

　いかがでしたか？　2回目を聞く前に，自分のメモに目を通して，「要点ポイント」が押さえられたかどうか確認しましょう。

ではもう一度，かみ砕いて聞き直しましょう。
今度は部分ごとに聞こえます。カフェインについて聞いた情報をメモを見て思い出しながら，準備を含めて 25 秒のポーズの後に，自分の英語で説明しましょう。

CD（Narration 1 ／ 4）をもう 1 度聞きなさい。　　　　**CD-51**

ポイント確認：　カフェインはどこから採れる？　その正体は？

　　（25 秒）　**自分の英語で言ってみよう。**

Start!

CD（Narration 2 ／ 4）をもう 1 度聞きなさい。　　　　**CD-52**

ポイント確認：　どんな摂取方法？　どんな期待がある？　語源は？

　　（25 秒）　**自分の英語で言ってみよう。**

Start!

CD（Narration 3 ／ 4）をもう 1 度聞きなさい。　　　　**CD-53**

ポイント確認：　どんな商品となっているのか。期待される効果は？

　　（25 秒）　**自分の英語で言ってみよう。**

Start!

CD（Narration 4 ／ 4）をもう 1 度聞きなさい。　　　　**CD-54**

ポイント確認：　その効果について，どんな研究報告が出ているか？

　　（25 秒）　**自分の英語で言ってみよう。**

Start!

解答

■練習問題 5

1／4 解答例：

Caffeine comes from some leaves, seeds, and fruits. The pure form of caffeine is a very bitter-tasting white powder.

訳

　カフェインはある種の葉，種，実の中に含まれている。純粋なカフェインは強い苦みを持った白い粉末である。

2／4 解答例：

Many people in the world eat and drink caffeine through coffee, tea, cocoa beans, cola and energy drinks. Some people take caffeine to make their minds feel sharper. The word "caffeine" came from the words for coffee in German and French.

訳

　世界中で多くの人たちが，コーヒー，茶，カカオ豆，コーラや栄養ドリンクなどからカフェインを摂取している。頭をすっきりさせるためにカフェインを摂取する人もいる。「カフェイン」という語は，ドイツ語およびフランス語の「コーヒー」に相当する単語が語源である。

3／4 解答例：

Caffeine is used in some weight-loss supplements because some people believe that it increases energy, reduces appetite, and burns fat.

訳

　カフェインはダイエット用サプリメントの一部でも使われているが，カフェインはエネルギーを促進し，食欲を減退させ，脂肪を燃焼させると信じている人がいるからだ。

4／4 解答例：

The study results are mixed. Some tests show that caffeine can help people lose weight, but other results show it does the opposite because of increased stress hormones.

> **訳**
> 研究の結果はまちまちで、カフェインが減量に役立つことを示す実験結果もあれば、ストレスホルモンの増加によって、逆の効果を示した実験結果もある。

スクリプト

1. Caffeine is naturally found in some leaves, seeds, and fruits, and is an intensely bitter white powder when purified.
2. Many people all over the world ingest caffeine on a daily basis through consuming coffee, tea, cocoa beans, cola, and energy drinks, and some use it as a psychoactive drug. Actually, the word "caffeine" came from the German word *Kaffee* and the French word *café*, each meaning coffee.
3. Caffeine is one of the ingredients now being included in many weight-loss supplements because it is believed to work as an energy enhancer, appetite suppressant, and for its "fat-burning" properties.
4. However, the scientific evidence about caffeine as a weight-control agent is mixed. While some studies show that caffeine can be helpful for weight loss, others indicate that caffeine actually leads to weight gain by increasing stress hormones.

スクリプト訳

1. カフェインは本来、葉、種、実の中に含まれており、純化すると強い苦みを持った白い粉末になる。
2. 世界中で多くの人々が日常的にカフェインをコーヒー、茶、ココア豆、コーラ、栄養ドリンクを通して摂取しており、中には精神活性剤として用いている人もいる。実際、「カフェイン」という言葉はドイツ語のKaffeeとフランス語のcaféに由来しており、どちらも「コーヒー」という意味である。
3. カフェインはエネルギー促進や食欲減退の働きがあるとして、そして脂肪燃焼の有効成分があると信じられていることから、今や多くのダイエット用サプリメントの原料の1つとして含まれている。
4. しかしカフェインが減量効果のある成分だという科学的な根拠については諸説ある。カフェインが減量に効果的だということを示す研究結果もあれば、カフェインは実際にはストレスホルモンを増加させることによって体重増加を導くという結果も出ている。

攻略法 6	得た情報を要約してみよう！

TOEFLスピーキングにおいて，自分の言葉で情報を再現する際に大切なのが，**限られた時間内に要点を伝える**ことです。攻略法5（P.206）で身につけた「自分の英語で再現する」能力を活かし，単なる「再現」からさらに一歩進化した，**要点をとらえた「要約」**を目指しましょう。

> **練習問題 6** 以下の英文を45秒で読んでから，それについての2人の会話を聞きなさい。得た情報の一部を要約する設問が最後にあるので，30秒で準備し，60秒以内のスピーキングでそれに答えなさい。

読む時間：45秒

> **WELCOME TO THE WRITING CENTER**
> The Writing Center offers tutorial assistance to students with writing assignments for any class. Please note that Writing Center staff will NOT edit your papers for you. Students can make an appointment or drop in on a space-available basis. Call 331-5354.

Dialogue　　　　　　　　　　　D-55～56

Question: The Writing Center staff tells the student that her request will not be met for specific reasons. Explain the most important services that the Writing Center is for.

　　　　　　　　　ポイント確認　1．学生がライティングセンターに求めた要望とは？
　　　　　　　　　　　　　　　　2．その要望に答えるより大事なことは？

You may begin to prepare your response after the beep.
　↓（ビープ音の後，30秒で答えを準備）

Please begin your response after the beep.（ビープ音の後，60秒で解答）
Start!
（"Time is up. Please stop speaking." という時間切れのアナウンスが入る）

解答

■ 練習問題 6

ポイント

1. 学生はライティングセンターに「文法ミスのチェックと修正」を要望している。次の学生の言葉が鍵となる。"I would like to have you proofread it — to check for grammar errors." "What I am asking for is proofreading for grammatical mistakes."
2. その要望に応じるよりも大事なことは,まず「犯しがちなミスを発見し,段落構成の鍵を学び,1人で書けるようになること」。
ライティングセンターのスタッフの発言の,以下の部分が鍵となる。
"how to find common mistakes that you are likely to make"
"key points in paragraph structure"
そして「課題の要求に対応しているかの把握の方が小さな文法ミスよりも大切である」と述べられている。この点をスタッフは,"...notice whether their writing responds to what has been asked for in the assignment." と述べた上で,"That is more important than little grammar mistakes, right?" と強調している。

解答例

The student wants the Writing Center to proofread her report, but the staff member tells her that the Writing Center will not do that for her because checking for grammar mistakes is not the best help. There are more important points that she should learn in writing, such as how to find the most common mistakes that she makes and to learn about paragraph structure. Also, she should check whether her writing really answers the questions that the assignment asks. When she learns these important points, she will be able to write with more confidence and without much help in the future.

解答例訳

学生はライティングセンターにレポートの校正をしてもらいたがっているが,職員は彼女に,文法の間違いをチェックすることが最良の手助けではないため,ライティングセンターでは校正は行っていないと伝えた。ライティングにおいて,彼女が身につけるべきもっと重要なポイントは他に

もある。例えば，よく犯してしまう間違いは何かを見つけたり，パラグラフの構造について学んだりすることである。また，自分で書いたものが，本当に課題に対する答えになっているかどうかもチェックすべきだ。こういった重要なポイントを学習すれば，彼女は将来的に，より自信を持って，そして人の助けを借りずに書けるようになるだろう。

スクリプト

Student: Hi. I am here for my appointment. My name is Tomoko.
Staff: Hello, Tomoko. You are right on time. What can I do for you today?
Student: I have this assignment to write a book report. I would like to have you proofread it—to check for grammar errors.
Staff: I see. Unfortunately, we don't proofread students' papers. That should be posted at the entrance.
Student: Really? I read the sign on the door, but I didn't notice it.
Staff: Yes, it says that Writing Center staff will not edit your papers for you.
Student: What I am asking for is proofreading for grammatical mistakes.
Staff: I understand. You see, proofreading for grammatical errors also constitutes editing.
Student: I see. I didn't realize editing includes checking grammar.
Staff: That's OK Tomoko. Even though your paper will not have all the grammatical errors corrected, I can help you learn how to find common mistakes that you are likely to make and key points in paragraph structure. These are more helpful for you in the long run, so that you will be a more confident, independent writer. How does that sound to you?
Student: Great. I would like that.
Staff: Good. You see, many students don't realize that their writing is not focused or clear. They need a second person to read and notice whether their writing responds to what has been asked for in the assignment. That is more important than little grammar mistakes, right? So, we concentrate on bigger issues of writing. That way, you can learn much more about how to write good-quality papers.
Question: The Writing Center staff tells the student that her request will not be met for specific reasons. Explain the more important service that the Writing Center is for.

リーディング訳

ライティングセンターへようこそ

ライティングセンターでは，クラスを問わず，学生のライティングの課題の手助けを個別に行っています。ライティングセンターのスタッフは，課題論文の編集は行っていませんので注意してください。予約を入れるか，空きがあればお立ち寄りいただけます。電話番号は 331-5354 です。

スクリプト訳
学生：こんにちは。予約で来ました。名前はトモコです。
職員：こんにちは，トモコさん。きっちり時間通りですね。ご用件をうかがいましょうか。
学生：ブックレポートの課題があって，校正をしてほしいのです，つまり文法ミスのチェックを。
職員：なるほど。あいにくですが，学生の課題論文の校正はしていないのですよ。入り口にそう掲示していますが。
学生：本当ですか？ ドアの表示は読みましたが，気付きませんでした。
職員：ええ，ライティングセンターのスタッフは課題論文の編集を行いません，と書いてありますよ。
学生：私がお願いしているのは，文法ミスの校正なんですが。
職員：わかっていますよ。つまりですね，文法ミスの校正というのは編集行為でもあるのですよ。
学生：なるほど。文法チェックが編集に含まれるとは気付きませんでした。
職員：いいんですよ，トモコさん。課題論文の文法ミスを全部直すことはしませんが，あなたがよくやってしまう間違いを見つけるお手伝いならできます。そのほうが長い目で見るとあなたのためになりますよ。もっと自信を持って，人の手を借りずに書けるようになりますから。それでどうでしょう？
学生：いいですね。そうしていただきたいです。
職員：よかった。実は多くの学生が，自分の書いたものが焦点がぶれていて明瞭でないということに気付いていないのです。自分が書いたものが課題で求められていることに応えているかどうかに気付くための，別の視点が必要なんです。このことのほうが，小さな文法ミスよりも重要でしょう？ だからここでは，ライティングのもっと大事な問題に焦点を当てるのです。そうすれば，質の高い課題論文の書き方についてもっと学ぶことができますよ。

設問訳
ライティングセンターのスタッフはある理由から学生の要望に応じられないと告げている。ライティングセンターの目的である，より重要なサービスについて説明しなさい。

3 TOEFLスピーキング総合対策

TOEFL形式の問題に挑戦しましょう！

単独型スピーキングタスク（設問1～2）に取り組む際のポイント
即決力：短い準備時間でトピックをしぼる必要がある。
説得力：共通項の言葉を用いよう。
簡潔さ：重点をしぼった理由説明で時間切れを防ごう。

統合型スピーキングタスク（設問3～6）に取り組む際のポイント
内容理解：言葉の暗記ではなく，内容を「意味で」とらえよう。
発信力：自分の英語で話す力をつけよう。
要約力：ポイントをしぼり込もう。

挑戦！ TOEFL実力テスト　CD-57～68

Directions for Questions 1 and 2:
You will now be asked a question about a familiar topic. After you hear the question, you will have 15 seconds to prepare your response and 45 seconds to speak.

Question 1　　CD-57～58

Talk about something you once did or said that made you feel pleased or proud. Explain why it made you feel good.

Preparation time: 15 seconds
Response time: 45 seconds

Question 2   CD-59~60

Some people think it is more enjoyable to travel to exciting, unfamiliar places during vacations. Others think it is better to stay home and relax. Which do you think is better? Explain why.

Preparation time: 15 seconds
Response time: 45 seconds

Directions for Questions 3 and 4:
You will now read a short passage and then listen to a talk on the same topic. You will then be asked a question about them. After you hear the question, you will have 30 seconds to prepare your response and 60 seconds to speak.

Question 3   CD-61~62

The Skyline College Student Association has a bulletin board where people can post and read announcements. Now read the following announcements about a job opportunity. You will have 45 seconds to read the passage.

Reading Time: 45 seconds

> **TUTORS WANTED**: Three families in the Western Estates community near the Skyline College campus are seeking math tutors for a group of seven junior high school students. In addition to possessing a thorough knowledge of 8th grade-level math, the successful applicants will be highly skilled communicators and educators able to help their students feel excited about the subject and motivated to learn. Hours are flexible. Payment will be based on professionalism and experience.

Question: The man expresses how he feels about his new job, and makes a decision. Explain his decision, and his reasons for making that decision.

Preparation time: 30 seconds
Response time: 60 seconds

Question 4 CD-63~64

Now read the excerpt from a history textbook. You will have 45 seconds to read the passage.

Reading Time: 45 seconds

> **Wright Brothers**
> The Wright brothers are popularly known as the inventors of the airplane. And this status is officially certified by the International Aeronautical Federation. But numerous claims to flight in airplanes were made before the Wrights. And some of these claims seem credible at first glance. But none fully satisfy all of the criteria necessary for official certification. Many were glider flights. Some were short hops down slopes. Some ended in crashes. Most were poorly documented. And few could be repeated. This is why the Federation recognizes the Wrights as the first to have achieved sustained, powered, controlled human flight in a heavier-than-air vehicle.

Question: Explain some challenges to the Wright brothers' claims, and the reasons the professor gives for supporting their claims.

Preparation time: 30 seconds
Response time: 60 seconds

Directions for Questions 5 and 6:
You will now listen to a talk. You will then be asked a question about it. After you hear the question, you will have 20 seconds to prepare your response and 60 seconds to speak.

Question 5   ● CD-65~66

The students are discussing a problem. Give a brief summary of the problem, and state which solution you would recommend. Explain the reasons for your recommendation.

　Preparation time: 20 seconds
　Response time: 60 seconds

Question 6   ● CD-67~68

Using points and information from the talk, describe the professor's ideas about how the moon originated.

　Preparation time: 20 seconds
　Response time: 60 seconds

解答・解説

◆設問1

満点解答例【設問1】

(A)I felt proud when I was able to drive. (B)First, I had to attend lectures on driving and then take a long written test. (C)After I passed it, I was on a practice course. (D)I didn't think I could do it because I didn't even know how to drive a car at that time, but (E)as I learned how to drive, my driving skills improved. (F)Finally I was able to drive without any help. (G)It was such a happy time to drive with confidence.

(H)I couldn't drive before, but now I can. (I)This is an experience that makes me feel proud because it means to me that I succeeded in something that I didn't think I could. (J)So I feel proud about achieving the goal as a result of the difficult challenges.

プラス採点チェック

1. (A) 冒頭で問いへの答えを明確に述べる。
2. (B) → (C) → (E) → (F) 成功へのプロセスが順を追ってわかりやすい。
3. (D) → (G) (H) 弱点克服の模様が段階を経て聞き手に伝わりやすい。
4. (I) 達成感の説明により説得力がある。
5. (J) 最後に結論をまとめると締まりが効く。

満点解答例訳【設問1】

運転できるようになったときは誇らしかった。

まず運転についての講義に出てから、長い筆記試験を受けなければならなかった。それに合格した後、実技練習コースに出た。車の運転のやり方さえも当時は知らなかったので、私にできるとは思えなかったが、運転を覚えるにつれて、運転技術も向上した。ついに手助けなしで運転できるようになった。自信を持って運転するのはとても満たされたひとときだった。

以前はできなかったけれど、今は運転ができる。これは、以前はできる

とは思っていなかったことに成功したことを意味するので、自分のことを誇らしく思わせてくれる経験だ。だから私は困難な挑戦の結果、目標を達成することに誇りを感じている。

4点中2点の解答例【設問1】

When I was learning to drive, there were lessons. (A)I had the test of driving and there were many questions. (B)And I go to drive on the road. It is a practice course, and I drive on that road. I didn't know how to drive. But I could drive. It's a happy time. I (C)successed drive.

マイナス採点チェックと改善

1. 問いに対する答えが最後まではっきり明示されていない。
   → **改善** まず冒頭で問いに答えてから説明に入ると聞き手は安心して聞くことができる（満点解答例(A)参照）。
2. (A) 説明がわかりにくい。
   → **改善** 筆記試験だったと明記し、それに合格してから実技レッスンに入ったことを説明する（例：I took a long written test. After passing it, I took driving lessons.）。
3. (B) 時制に誤りがあり、内容に繰り返しがある。
   → **改善** 過去形に直し、文を簡潔にまとめる（例：Then we took driving lessons on a practice course.）。
4. (C) 文法ミスがある。
   → **改善** successは「成功」という名詞なので、正しくは動詞でsucceeded in driving。
5. 運転ができるようになった達成感の表現が貧弱。
   → **改善** 達成や成功を表す共通項となる言葉を用いて表現する（満点解答例(I)と(J)ではproud, succeed, achieve, challengeで達成感を伝えている）。

4点中2点の解答例訳【設問1】

私が運転を習っていた頃、レッスンがあった。運転の試験を受けたのだが多くの問いがあった。そして道路で運転をする。練習コースで、その道路を運転する。どうやって運転をするのか知らなかった。でも運転できた。幸せな時間だ。運転は成功だった。

◆設問 2

満点解答例【設問 2】

(A)My choice for vacation is to spend time at home. (B)Actually it is not my own home but another "home" in Kanazawa. My uncle has a bed-and-breakfast inn there, and visiting there for me is as comfortable as staying home. My family and I visit there every year, so the place is like our second home. I like relaxing there while enjoying the natural area. I very much look forward to going back there because (C)I feel free from my everyday stress of my city.

So, to answer the question, I prefer to vacation at my uncle's place which is my second home. (D)I know the place very well, and I enjoy visiting my uncle at his inn surrounded by the beauty of nature. Vacationing at my second home is not only (E)relaxing but also very (F)refreshing. (G)I believe that spending a leisure time with my family there is better than going anywhere else.

プラス採点チェック

1. （A）冒頭で二者択一の答えを明確に述べている。
2. （B）例外的な答えに対しての説明ができている（叔父のペンションを home に例える説明）。
3. （C）（D）「第二の家」の具体的なよさが説明できている。
4. （E）（F）聞き手にプラスイメージをアピールできる共通項の言葉が使われている。
5. （G）最後に表現を変えて結論が簡潔にまとめられている。

満点解答例訳【設問 2】

　私が選ぶ休暇は家で過ごすことだ。といっても私の家ということではなくて，金沢にあるもう１つの「家」だ。私の叔父がそこでペンションを経営していて，私にとってそこを訪れるのは家で過ごすのと同じように居心地がいいのだ。私と家族は毎年そこを訪れるので，第二の家のようなものだ。私は自然を満喫しながらそこでくつろぐのが好きだ。都会での日々のストレスから解放されるので，そこへ帰ることをとても楽しみにしている。

　したがって，設問への答えとしては，第二の家である叔父のところで休暇を過ごすのが好きだ。よく知った場所であり，また美しい自然に囲まれた叔父のペンションで叔父と会うのも好きだ。第二の家で休暇を過ごすの

はくつろげるだけでなく元気になれる。そこで家族とゆったりとした時間を過ごすのは，どこに出かけるよりもすばらしいと確信している。

4点中2点の解答例【設問2】

I like the place called Kanazawa very much. My uncle has a bed-and-breakfast inn there. (A)He's my mother's brother. Actually, he was an electrical engineer, and he retired and now lives in a natural place. And it gives us a chance to take a vacation in a very beautiful place. (B)So, to answer the question, I prefer to vacation at my uncle's place. I know it very well, and I think that going there is like staying home and relaxing with family.

マイナス採点チェックと改善

1. (A) 叔父についての説明が長いが理由説明とは無関係である。
   → **改善** 理由説明となる情報だけを活かして前文とつなぐ（例：My uncle has a bed-and-breakfast inn **in a natural place** in Kanazawa, and I like the place very much.）。母方の親戚であることや職業は言及不要。
2. (B) 休暇は「わくわくするような見知らぬところへ行く」のか「家でくつろぐ」のかを問う二者択一の質問の答えになっていない。
   → **改善** 「金沢」が「家でくつろぐようだ」とあるので，これではどちらの答えを選んでいるのか不明。「金沢」を「家」にたとえるなら，その説明をする必要がある（満点解答例（B）参照）。
3. 具体的な説明が乏しい。
   → **改善** 叔父のペンションで過ごすことのよさを具体的に説明する（満点解答例（C）（D）参照）。

4点中2点の解答例訳【設問2】

　私は金沢という場所がとても気に入っている。私の叔父はそこでペンションを経営している。彼は母の兄弟だ。実は彼は電気技工士だったが，引退して，今は自然の多いところで暮らしている。そして，そのおかげで私たちはとても美しいところで休暇を過ごすチャンスに恵まれている。だから，設問の答えとしては，私は叔父のところで休暇を過ごすほうが好きだ。よく知った場所であり，私はそこに行くのは家にいて家族とくつろぐようなものだと考えている。

◆設問3

(スクリプトはP.236)

ポイント

1. 男子学生がパン屋の仕事を始め，それは高給ではないが，仕事自体はかなり面白いと述べられている。

男子学生の"I got a job at a bakery."と"The pay isn't so great. But the job itself is actually pretty exciting."という発言が鍵となる。

2. 女子学生がパン屋よりも給料のよい家庭教師の仕事を勧めたことが述べられている。

女子学生の"I still think you should consider this tutoring job. I'm sure it pays much more than your bakery job."という発言が鍵となる。

3. 男子学生はパン屋の仕事を続けることを選択している。そしてその理由として，「1. 子どもや10代の若者が苦手」「2. 学費を払っていける」「3. 自分に向いている」と述べられている。

男子学生の言葉"I'll stick to what I'm doing."から，今の仕事（パン屋）を続ける意志がわかる。理由として，"I'm not so good with kids—especially young teenagers."（理由1）／"I can make enough now to get through school."（理由2）／"No matter what kind of job I get after graduation, I'm sure there'll be more bread-making in my future than math tutoring."（理由3）をあげている。

満点解答例【設問3】

(A)When the woman suggests the job of teaching children in math to the man, he doesn't say he wants to take the job. Instead, he expresses how interesting his bread-making job is and how he likes it.

He knows it's possible for him to take the teaching job but he wants to continue with his bread-making job for some reasons. (B)Firstly, he is not good with children or young teenagers. (C)Secondly, although the bakery's job does not pay much, it pays enough for him to get through school. (D)Finally, he feels that he sees his bread-making job as being more important to his future than the teaching job.

(E)For these reasons, he feels that even if he can make more money with the teaching job, it is not attractive enough for him to change the jobs. For him, his job is more interesting than tutoring because he finds satisfaction in working with his hands in his bread-making job. (F)That is why he says he will continue with his bread-making job. He does not want to give up the interesting learning at the job even if another job offers more money.

プラス採点チェック
1. （A）冒頭で状況を簡潔にまとめ，解答のための土台ができている。
2. （B）（C）（D）男子学生が家庭教師の仕事を選ばない3つの理由がうまく整理されている。
3. （E）上記2の情報がきちんとまとめられている。
4. （F）質問への解答が結論として出ており，重点を簡潔にまとめている。

満点解答例訳【設問3】

　女子学生が数学の家庭教師の話を勧めてきたとき，男子学生はその仕事に就きたいとは言わなかった。代わりに自分の製パンの仕事がどれだけ面白くて気に入っているかを説明している。

　男子学生はその家庭教師の仕事に就くことは可能だとわかっているが，いくつかの理由により製パンの仕事を続けたいと思っている。第一に彼は子どもや10代の若者の相手が得意ではない。第二にパン屋の仕事は高給ではないにしても卒業まで生活していくのに十分であるということ。最後に，製パン職のほうが家庭教師よりも彼の将来にとってより重要だと思っているということである。

　これらの理由により，男子学生は家庭教師でより高給を得られるとしても，仕事を変えるほどの魅力を感じていない。彼にとっては今の仕事のほうが家庭教師をするよりも面白いのである。というのは，製パン職で自分の手を使って仕事をすることに満足感を得ているからである。だからこそ製パン職を続けると言っている。別の仕事がより高給を提示してきたとしても，今の仕事での面白い学習体験を失いたくないのである。

4点中2点の解答例【設問3】

　The man feels good about his job now. So he decides to stick to it. He works at a bakery and it doesn't make a lot of money for him. But he talks about how he loves making bread by hand there, and he is very interested in learning the bread-making technique and (A)develop his own recipes. That is why he wants to continue that and sees himself making bread in the future too. It seems like (B)he likes the bread more than the higher amount of money from the teaching job. So in conclusion, he says that he will think about (C)it but does not plan to change the jobs now.

マイナス採点チェックと改善

1. **女子学生が男子学生に家庭教師の仕事を勧めている事実が抜けているので，情報が不足している。**
   → **改善** 状況としてその事実を述べておくと，設問への解答の土台となる（満点解答例（A）参照）。

2. **男子学生が家庭教師より製パン職を選ぶ理由（ポイント3の理由1と2）が不足している。**
   → **改善** 子どもや若者が得意でないことと製パン職で卒業まで生活ができるという2つの理由を添える（満点解答例（B）（C）の文を参照）。

3. **（A）は文法ミス。"and he is very interested in learning..."と並列しない。**
   → **改善** "develop"を動名詞の"developing"に直して"learning"と並列させる。

4. **（B）「パンが好き」とするのは誤った情報。**
   → **改善** "he likes **making** bread"として「パンを作ることが好き」と正す。

5. **（C）"it"が何を指すのかが，家庭教師の仕事を勧められている事実が省略されているため不明である。**
   → **改善** "he will think about the teaching job that the woman recommends"ともできる。

4点中2点の解答例訳【設問3】

　男性は現在，自分の仕事に満足している。だから続けていくと決めている。彼はパン屋で働いており，その仕事はあまりお金にならない。しかし，彼は手を使ってパンを作ることが好きだと語っており，製パン技術の習得と自分のオリジナルのレシピの開発に興味を持っている。だからパン屋の仕事を続けたいと思っており，将来においても自分が製パン職についていることを想像している。より高給な家庭教師の仕事よりもパンが好きなようである。なので結論としては，彼はそれについて考えてはみるが，今のところは仕事を変えるつもりはないのである。

◆設問 4　　　　　　　　　　　　　　　（スクリプトは P.239）

> **ポイント**
>
> 1. ライト兄弟は飛行機の発明者として知られていることが述べられている。
>
>   パッセージでは "The Wright brothers are popularly known as the inventors of the airplane."，講義では "We all know of Orville and Wilbur Wright as the inventors of the first airplane..." とそれぞれ述べられているのが鍵となる。
>
> 2. ライト兄弟よりも先に飛行機が作られたり，飛行が果たされたという主張があることが述べられている。
>
>   パッセージでは "...numerous claims to flight in airplanes were made before the Wrights."，講義では "...many inventors and hobbyists claimed to have flown before the Wrights." と述べられているのが鍵となる。
>
> 3. 公式認定に必要な基準のすべてを完全に満たす者は他におらず信憑性のない飛行だったが，ライト兄弟は非凡な能力と実用性と忍耐力を持ち合わせていたために，本当の意味での人類初の飛行機を作ることに成功したことが述べられている。
>
>   パッセージでは "...none fully satisfy all of the criteria necessary for official certification. Many were glider flights. Some were short hops down slopes. Some ended in crashes. Most were poorly documented. And few could be repeated." と，そして講義では "...they had the best combination of three crucial attributes: genius, practicality and persistence. ... The Wrights' achievement...was repeatable, well documented and reliable—they built the first truly successful airplane." と述べられているのが鍵となる。

> **満点解答例【設問4】**

　The basic point is this: (A)The Wright brothers probably weren't the first people to get a machine with wings into the air, but they were the inventors of the most successful airplane at that time.

　(B)Other inventors' flights were not stable, safe or controlled, so they were too unreliable to prove or repeat. On the other hand, the airplane of the Wright brothers' was stable so that their flights could be repeated and well documented. That was the difference between the Wrights and the others, and the Wrights received the credit to make the first airplane flight.

　The Wright brothers had key qualities to be successful; they were genius, persistent and practical. (C)Since they were genius, they achieved a stable, safe flight. They were also very persistent about making their flight successful after long many unsuccessful trials, and they had a practical business idea of creating an airplane that could be sold to customers.

　(D)Overall, the flight by the Wright brothers was successful because it was proved to be reliable, and their success came from the three important elements of persistence, practicality and genius.

> **プラス採点チェック**

1. （A）設問の前半の，ライト兄弟の発明の認定に対する反論が簡潔にまとめられている。
2. （B）ライト兄弟と他の挑戦者らとの違いを効果的にまとめている。
3. （C）ライト兄弟の3要素である genius，persistent，practical の説明の完成度が高い。
4. （D）設問の後半の，ライト兄弟を支持する教授の見解が正確にまとめられている。

> **満点解答例訳【設問4】**

　基本となるポイントはこういうことである：ライト兄弟はおそらくは最初に翼の付いた機械を飛ばした人たちではなかったが，当時の最良の飛行機を発明したのは彼らなのである。

　他の発明家らの飛行機は安定もしておらず安全でもなく，操縦できてもいなかったので，証明したり再現するには信憑性がなかった。その一方で，

ライト兄弟の飛行機は安定しており，再現したり，きちんと記録に残すこともできた。そこがライト兄弟と他者との違いで，ライト兄弟は飛行機での飛行を最初に果たしたとして認定を受けたのだった。

　ライト兄弟には成功のための鍵となる要素があった。2人は天才的で，忍耐強く，実用的だったのだ。天才だったから安定した安全な飛行を遂げたのである。また，長い試行錯誤を経た後で，非常に忍耐強く飛行を成功させようと努力し，顧客に売れるような飛行機を創るという実用的なビジネスのアイデアも持っていた。

　概して，信憑性があると証明できたことで2人の飛行は成功を遂げた。そして，その成功は忍耐強さと実用性と非凡な才能という3つの重要な要素によるものだったのである。

4点中2点の解答例【設問4】

The basic point is this: The Wright brothers probably weren't the first people to get a machine with wings into the air, but (A)they are the inventors of the most successful airplane. (B)Other inventors probably made a few short hops down a hill. Or maybe they flew briefly and crashed. Or maybe they flew a little, but couldn't control it. So those flights were like gambles — if they were lucky, they could fly, if not, they couldn't. But the Wright brothers were patient about this business of creating an airplane that could be marketed. The Wright brothers were successful because they had three important elements of being genius, practical and (C)persis...（言葉が出てこない）That is why...（時間切れとなる）

マイナス採点チェックと改善

1. （A）は「現時点でも最高の飛行機の発明者」と解釈されるので誤った情報。
   → **改善**　文末に"at that time"「当時は」を加える。
2. （B）他の挑戦者たちに関する説明が冗長で，時間切れになる原因になっている。
   → **改善**　詳細をすべて述べるのではなく，要点をまとめた言い方にする（満点解答例（B）の第1文を参照）。
3. （C）言葉が出てこないままである。
   → **改善**　他の言葉に置き換えて先に進む。"patient"や"determined"などの同義表現を用いるか，せめて"did not give up easily"などと

して説明を続けたい。
4. **ライト兄弟が備えていた3要素の説明が欠けている。**
    → 改善　重要ポイントであるライト兄弟の3要素の説明を入れる（例："The Wrights were genius, practical and persistent, and that's why they succeeded." なら5秒強で言える）。

4点中2点の解答例訳【設問4】

　基本となるポイントはこういうことである：ライト兄弟はおそらくは最初に翼の付いた機械を飛ばした人たちではなかったが、最良の飛行機の発明者なのである。他の発明家らはおそらく数回短い飛躍を丘の斜面で行ったか、おそらくはつかの間の飛行をして墜落したか、あるいはおそらくは少しは飛行をしたものの、制御ができなかったのである。つまりそういった飛行は一か八かの賭けのようなもので、運がよければ飛ぶことができ、そうでなければ飛べなかったという具合だったのだ。しかしライト兄弟は、飛行機を作り市場に出すというビジネスに向けて忍耐強く努力し続けた。ライト兄弟が成功したのは、2人には3つの重要な要素、つまり天才的で、実用的で根気…（言葉が出てこない）。だから…（時間切れとなる）

◆設問 5

（スクリプトは P.241）

ポイント

1. **アルバイトやバレー部との板ばさみで，女子学生が試験勉強や学期末課題論文の提出に時間を割けないことが述べられている。**

   女子学生は問題を大まかに "I let the work pile up until it's too late. It's overwhelming." と言ってから，以下の4つのすべきことを言っている。
   1. I have final exams in biochemistry and French history in two weeks.
   2. My term paper in modern literature is due in just ten days.
   3. My boss also needs me to keep working at the grocery store twice a week.
   4. My volleyball team has practice three days a week.

2. **男子学生が「1. アルバイトとバレー部を休み，2. 学期末課題論文は夏の提出期日に延期，3. 期末試験は勉強計画を立てる」という3つの解決法を提案していることが述べられている。**

   男子学生は "Priorities" と言って優先順位を強調してから，以下の3つの具体策をあげている。
   1. "…can't you take a break from your job and volleyball?" "They'll get by."
   2. "he (the professor)'ll allow students to take an "Incomplete" grade. (…you can postpone the deadline for your term paper until late summer.)"
   3. "We're going to work up a day-by-day study schedule to prepare you for those two final exams."

3. **あなた自身の意見が述べられている。**

   あなた自身が提案する解決法とその理由を述べよう。

満点解答例【設問5】

(A)Angela put things off for too long. Now the deadline for a term paper and the final exams for two of her classes are approaching. So she's in a panic.

(B)My suggestion is the same as Brad's recommendation. (C)First, she should stop going to the job and volleyball practice for now because she does not have time for everything. (D)Worrying about her boss at the grocery store, the money, and the volleyball team will not help her as the job and the practice take up a lot of her time and are less important than the tests for her. That is why she should make a tough decision to take a break from them.

(E)Second, she should ask her professor for that "incomplete" grade as the man suggested. That way she can spend time on the paper after the exams. (F)Finally, since Brad is going to help her with her study schedule to prepare for the tests, she should learn that from him. That way she will not repeat this hard experience next year.

プラス採点チェック

1. （A）設問の前半の，女子学生が抱える問題が簡潔にまとめられている。
2. （B）設問の後半の，自分自身の提案が明確に示されている。
3. （C）（E）（F）提案の内容がよく整理されている。
4. （D）提案のポイントである"priority"（優先事項）の意味を，自分の言葉でうまく説明できている。

満点解答例訳【設問5】

　アンジェラはするべきことを先延ばしにしすぎていた。今や学期末課題論文の期日がせまり，さらに取っているクラスのうちの2つが期末考査を迎えようとしている。だから彼女はパニックになっている。

　私の提案もブラッドの勧めていることと同じである。第一に彼女にはすべてをやっている時間はないので，とりあえずアルバイトやバレーの練習をやめるべきである。食料品店の店長のことやお金，バレー部のことを心配しても，アルバイトや練習は多くの時間がかかってしまうし，彼女にとっては試験より大事ではないのである。だから休みをもらうという厳しい決断をしなければならない。

　第二にアンジェラは男子学生が勧めるように教授に頼んで成績を「保留」

にしてもらうべきである。そうすれば，試験の後で課題論文に時間を費やすことができる。最後にブラッドは試験に備えての勉強計画を立てるのを手伝ってくれるので，アンジェラは彼から学ぶべきだと思う。そうしたら今回の辛い経験を来年は繰り返さずにすむだろう。

4点中2点の解答例【設問5】

Like so many students, Angela (A)make things pile up for too long. Now the deadline for a term paper is (B)two weeks away, and the final exams for (C)French and biology are in 10 days. So she's in a panic.

My recommendation is (D)same with Brad's recommendation. (E)First, she should quit the job and volleyball for now. Worrying about the grocery store and the volleyball team will not help her as they take up a lot of her time and are less important than the tests for her.

She should also ask her professor for that "Incomplete" grade. That way she can spend time on the paper after the exams.

Since Brad is going to help her with her study schedule to prepare for the tests, she should learn that from him. I suggest she should try to learn from this hard experience.

マイナス採点チェックと改善

1. （A）は誤った表現。使役動詞としての"make"は意図的であることを意味するが，女子学生は事態を意図的に先送りにしていたわけでなく，単に「そのままの状態に放っておいた」ので，ふさわしい表現ではない。
   → **改善** "let"が「すべきことを放置した結果」にはふさわしい。
2. （B）（C）は誤った情報である。
   → **改善** （B）"ten days"（C）"French history and biochemistry are in two weeks"。ただし重要点ではないので満点解答例（A）の第2文のように簡単にまとめるだけのほうが誤った詳細を出すよりもよい。
3. （D）は文法ミス。
   → **改善** "the same as"と正す。
4. （E）構成がまとまりに欠ける。
   → **改善** "First"の後の2つの提案には，それぞれ"Second"（第3段落冒頭），"Finally"（第4段落冒頭）のシグナルを使うとよい。

4点中2点の解答例訳【設問5】

　多くの学生がそうであるように，アンジェラはするべきことを先延ばしにしすぎてしまった。今や学期末課題論文の期日が2週間後に迫り，フランス語と生物学の期末考査を10日後に迎えようとしている。だから彼女はパニックになっている。

　私の提案もブラッドの勧めていることと同じである。第一に彼女はとりあえずアルバイトやバレーをやめるべきである。食料品店の上司のことやお金，バレー部のことを心配しても，アルバイトや練習は多くの時間がかかってしまうし，彼女にとっては試験より大事ではないのだ。

　アンジェラは男子学生が勧めるように教授に頼んで成績を「保留」にしてもらうべきである。そうすれば試験の後で課題論文に時間を費やすことができる。

　ブラッドは試験に備えての勉強計画を立てるのを手伝ってくれるから，アンジェラは彼から学ぶべきだと思う。彼女は今回の辛い経験から学ぶべきである。

◆設問 6 (スクリプトは P.244)

ポイント

1. 教授がかつて支持していたのは「地球の自転の勢いで地球の一部が塊となって取れて放出され，それが月となった」という分裂説であると述べられている。

   教授は "...this (fission) theory holds that the moon was once part of the earth that split off to become what it is today." と分裂説の概要を述べてから，その説によれば，月の起源として当時どんなことが起こったのかを具体的に "...the young earth was spinning around very fast. Its gravity was not strong enough to hold it all together. And a large piece broke away and became the moon." と説明している。

2. 教授が今支持するのは「巨大衝突説」であり，「1. 巨大物体が地球にぶつかり，2. その衝撃で，3. 巨大な破片の層が地球の軌道にでき，4. やがて破片同士が固まった」のが月の起源であると説明している。

   教授は，新しい説を順を追って以下のような 4 段階で説明している。
   1. ...a huge object crashed into the young earth.
   2. The impact was tremendously violent.
   3. It threw a giant cloud of debris into orbit around the earth
   4. over time this debris solidified to become the moon.

3. 教授が分裂説よりも巨大衝突説が有力となった理由の説明として，「1. 月の成分が衝突による破片でできたこと」を示しており，「2. 地球の自転と月が地球の周囲を回転する速度と角度とのつじつまが合うこと」をあげている。

   現在は巨大衝突説を支持している理由として，教授は以下の 2 点をあげている。
   1. The chemicals in these rocks (from the moon), their combinations and percentages show that they were more likely formed of debris from a violent impact.
   2. The giant impact theory also provides a better explanation of the speed and angle at which the earth spins, and at which the moon moves around the earth.

満点解答例【設問6】

The professor talks about an older and a new theory. (A)Before men traveled to the moon, he believed the older theory, called the fission theory. It states that the moon was a part of the earth that split off as the earth was spinning very quickly. But (B)after some rocks from the moon were brought to the earth, the theory that the professor supports now is the giant impact theory from the 1980s. According to this theory, a giant object crashed into the earth, which created a big cloud of dust or rocks, and it became the moon as the cloud became solidified.

(C)The professor gives two pieces of evidence supporting the giant impact theory. (D)One: it agrees with the chemical evidence from actual moon rocks. (E)Two: it gives a better explanation of the speed and angles of the spin of the earth and how the moon moves around the earth.

プラス採点チェック

1. (A)古い説の名称, 説明, 教授の立場がそれぞれ正確に述べられている。
2. (B)新しい説の名称, 説明, 教授の立場がそれぞれ正確に述べられている。
3. (C)(D)(E) 新しい説の有力な点がうまく整理されている。

満点解答例訳【設問6】

教授は古い説と新しい説について話している。教授は, 人類が月へ行く前は分裂説と呼ばれる古いほうの説を信じていた。その仮説では月は地球の一部だったが, 地球の速い回転により離脱してしまったということである。しかし月から地球に石が持ち込まれた後では, 教授が現在支持している説は1980年代の巨大衝突説である。この仮説によると, 巨大物体が地球に衝突して大きなチリや石の層を形成し, それが固体化して月になったというのである。

教授は巨大衝突説の支持となる証拠を2つあげている。1つ目は, その仮説に従えば, 実際に月にあった石が示す科学的証拠とつじつまが合うということ。2つ目は, 地球の自転の速度および角度, そして月が地球の周囲をどのように回っているかも, よりうまく説明がつくのである。

4点中2点の解答例【設問6】

He talks about an older theory, and a new one. Before men went to the moon, he believed (A)the older theory. In this one, the moon was a part of the earth that split off as the earth was spinning very quickly. But after some rocks from the moon were brought to the earth, the theory that the professor supports now is (B)a newer one from the 1980s. This theory says a giant (C)thing hit the earth, and the crash made a big cloud of dust or rocks, and this cloud became the moon. (D)The professor explains that the components of the rocks from the moon support this theory, and the speed and angle of the spin of the earth and how the moon moves around the earth can be explained better by the new theory.

マイナス採点チェックと改善

1. (A) (B) 説の名称を示していない。
   → **改善** きちんとメモを取っておいて，(A)を "the old theory, called **the fission theory**," (B)を "a newer one called **the giant impact theory**," とする。
2. (C) あいまいでアカデミックでない表現である。
   → **改善** 「物体」を指す "object" を使う。
3. (D) 長く複雑な説明をつなぐと聞き手にわかりにくい。
   → **改善** 2つのポイントに分けることができる（満点解答例(C)〜(E)を参照）。
4. 教授が新しい説を支持する理由が直接的に述べられていない。
   → **改善** 最後に "The professor finds these two pieces of evidence very convincing, so now he supports the new theory."（教授はこれら2つの証拠に納得し，現在は新しい説を支持している）と一言添えるだけで説明の明確性が高まる。

4点中2点の解答例訳【設問6】

教授は古い説と新しい説について話している。教授は，人類が月へ行く前は古いほうの説を信じていた。その仮説では月は地球の一部だったが，地球の速い回転により離脱してしまったということである。しかし月から地球に石が持ち込まれた後では，教授が現在支持している説は1980年代の新しいほうの説である。この仮説によると，巨大なモノが地球に衝突して大きなチリや石の層を形成し，それが月になったというのである。教授はその仮説と実際に月にあった石の組成とつじつまが合うということと，地球の回転速度および角度，それに月が地球の周囲をどのように回っているかも，新しいほうの仮説ではよりうまく説明がつくと述べている。

スクリプト・訳

◆設問1
自分がかつてしたこと,または言ったことで爽快だった,あるいは誇らしく思うことについて語りなさい。なぜそれが気分のよいことなのか説明すること。

◆設問2
休暇旅行ならわくわくするような見知らぬところへ行くのがより楽しいと考える人もいれば,家でゆっくり過ごすのがいいと考える人もいる。あなたはどちらがいいと考えるか? 理由を説明しなさい。

◆設問3

リーディング訳

読む時間:45秒

> **家庭教師求む**:スカイライン大学のキャンパス近くにあるウエスタン・エステートのコミュニティで,3家族が7人の中学生グループのために数学の家庭教師を募集しています。8年生(日本の中学2年生に相当)レベルの数学知識を完全に備え,生徒が課題に興味を持ち,学習意欲がわくように指導できる高度なコミュニケーション能力を持った優秀な先生を求めています。時間は柔軟に対応。報酬は能力と経験次第です。

スクリプト

Narrator: Now listen to two students discussing the announcement.

Woman: Hey, Roy. Look at this posting here. Aren't you looking for a job?

Man: I was. But not anymore. I got a job at a bakery.

Woman: Oh. How's the job?

Man: The pay isn't so great. But the job itself is actually pretty exciting.

Woman: Really? How so?

Man: At this bakery, everything is done by hand. And they use a wood-burning brick oven. I'm discovering that the process is an ancient craft with a lot of depth to it, like brewing or gardening. I learn so much every day.

Woman: And that's why you call it "exciting"?
Man: Yes. When you use your own hands and your own skills to create a loaf of healthy, delicious bread, it's very satisfying on a basic level. And my boss may let me use the kitchen to develop some recipes of my own.
Woman: I still think you should consider this tutoring job. I'm sure it pays much more than your bakery job.
Man: I don't know. I'm not so good with kids—especially young teenagers. And I think I can make enough now to get through school. No matter what kind of job I get after graduation, I'm sure there'll be more bread-making in my future than math tutoring.
Woman: It's your decision. But it can't hurt to check out this tutoring job. Maybe you'll have a pleasant surprise.
Man: I'll think about it. But for now, I'll stick to what I'm doing.

Question: The man expresses how he feels about his new job, and makes a decision. Explain his decision, and his reasons for making that decision.

スクリプト訳
ナレーター：2人の学生がお知らせについて話しているのを聞きなさい。
女性：ねえ，ロイ。この貼り紙を見てみてよ。あなた，仕事を探しているんじゃなかった？
男性：探してたよ。だけど，もういいよ。パン屋で仕事を見つけたんだ。
女性：へえ，どんな仕事？
男性：給料はそんなによくないけど。でも，仕事自体は実はかなり面白いよ。
女性：本当？　どんなふうに？
男性：このパン屋は，すべてが手作業なんだ。それに薪を燃やす煉瓦のオーブンを使っている。僕はその製法が，昔ながらの技術で非常に奥深いものであることがわかってきたんだ。醸造やガーデニングのようなものだよ。毎日，勉強になることが多いよ。
女性：だから「面白い」っていうわけ？
男性：そう。自分自身の手と技術を使って健康にいいおいしいパンを作るって，根本的なところでとても満足感を得られるんだ。その上，親方は僕がオリジナルレシピを考案するようにってキッチンを使わせてくれるかもし

れないんだ。
女性：でも，この家庭教師の仕事も考えてみるべきだと思うわ。あなたのパン屋さんの仕事より確実にいい収入になるし。
男性：さぁ，どうかな。僕は子どもが苦手だし——特に10代の若者はね。それに今，学校を卒業するのに十分なだけ稼いでいるんだ。卒業後にどんな仕事に就くにしろ，将来は，数学の家庭教師よりは製パン職をやっている可能性のほうが高いかな。
女性：決めるのはあなたよ。でも試しに話だけ聞いてみても悪くないと思うわ。意外に楽しい驚きがあるかもしれないし。
男性：考えてみるよ。だけど，とりあえずは今やっていることを続けていくかな。

設問：男性は新しい仕事に対する気持ちを述べて，決断を下している。彼の決断と，それに至った理由を説明しなさい。

◆設問4
リーディング訳
読む時間：45秒

ライト兄弟
　ライト兄弟は飛行機の発明者として広く知られている。そしてこの地位は国際航空連盟により公式に認められている。しかし，ライト兄弟より前にも飛行機で飛んだという数多くの申し立てがなされていた。その中には一見信憑性があるように見えるものもある。しかし，公式に認定されるために必要な基準のすべてを完全に満たすものはなかった。多くはグライダーによる飛行であった。斜面をほんの少し跳躍しただけのものもあった。墜落で終わった例もあった。ほとんどの例では，しっかりした記録が残っていなかったのである。そして繰り返し再現できるものはほとんどなかった。こうしたことから連盟は，空気より重い乗り物で，持続でき，動力による，制御可能な有人飛行に世界初で成功したとしてライト兄弟を認定している。

🔖 **スクリプト**

Narrator: Now listen to part of a talk in a history class. The professor is discussing history of flight.

Professor: We all know of Orville and Wilbur Wright as the inventors of the first airplane, which they began flying in 1903. In fact, however, many inventors and hobbyists claimed to have flown before the Wrights. Indeed, the Wrights may not have been the first off the ground. So, why do they get the credit?

One argument is that they had the best combination of three crucial attributes: genius, practicality and persistence. The first of these elements is obvious. Anyone who can design and build a working airplane must be a mechanical genius.

But the Wrights were also extremely practical. Their main goal was not simply to enjoy the thrill of flight, to be admired, or to improve humanity. They were determined to build a successful, marketable product. So they dedicated their genius to making their airplane safe, stable and easy to control. It had to be able to reliably generate value for future customers.

I also mentioned that they were persistent. The Wrights spent years patiently flying their gliders, examining flaws, improving designs. They spent years studying wing and propeller shapes in a homemade wind tunnel. And they applied the resulting data to their evolving designs. Anyone less persistent would have given up after a few crashes, or rushed impatiently to strap on an engine and take a gamble. Many others did just that, resulting in sporadic, poorly documented claims of unreliable flight. The Wrights' achievement, on the other hand, was repeatable, well documented and reliable— they built the first truly successful airplane.

Question: Explain some challenges to the Wright brothers' claims, and the reasons the professor gives for supporting their claims.

スクリプト訳

ナレーター：では歴史の授業の一部を聞きなさい。教授は飛行の歴史について論じています。

教授：私たちはみな，人類初の飛行機の発明者としてオーヴィル・ライトとウィルバー・ライトを知っています。彼らが最初の飛行機で飛んだのは1903年でした。しかし実際には多くの発明家や愛好家がライト兄弟より前に飛行に成功したと名乗りをあげていたのです。確かに，地面から浮かんだということならライト兄弟が初めてではなかったかもしれません。では，なぜ兄弟が功績を認められているのでしょうか。

その理由としては，彼らが3つの重要な資質，つまり天賦の才能と実用性と不屈の精神をうまく合わせ持っていたということが考えられます。1つ目の要素については言うまでもありません。実際に飛行可能な飛行機を設計して組み立てられる者なら誰でも機械の天才に違いありませんから。

しかし，ライト兄弟はまた相当な実用主義者でもあったのです。彼らの主たる目標はただ単に飛行のスリルを楽しんだり，人に認められたり，人類を発展させるためということではなかったのです。彼らはなんとしても，人々に受け入れられる，売れるものを作りたかったのです。そこで彼らは安全で，安定性の高い，また操縦しやすい飛行機の開発にその非凡な力を注いだわけです。未来のお客のために確実に価値あるものを生みだせたのも道理ですね。

また，先ほど彼らが粘り強かったことを指摘しましたが，ライト兄弟は何年もの間，根気強くグライダーを飛ばして不備を調べ，設計を改良しました。お手製の風洞で，翼やプロペラの形状を研究するのに何年も費やしたのです。そして得られたデータを活かして設計を進化させました。根気の足りない者は何度か墜落した後であきらめてしまったり，あせって性急にエンジンを革ひもで縛りつけて，一か八かの賭けに出たりしました。他はこうした具合で，彼らが言う飛行は散発的で満足な記録もないため，信頼性に欠けるものでした。一方，ライト兄弟の業績は再現可能で，記録状態も良好で信頼できるものでした——つまり，彼らは人類初の「ちゃんと飛ぶ」飛行機を作り上げたのです。

設問：ライト兄弟の主張に対する反論について，また教授がライト兄弟の主張を支持する理由を説明しなさい。

◆設問 5
スクリプト

Narrator: Listen to a conversation between two students.

Man: Hi, Angela. Spring semester is almost over. Are you looking forward to summer vacation?

Woman: No, Brad. I always dread this time of year.

Man: Hmm. Let me guess. You have some tough final exams to study for, and a term paper or two to write. And you haven't been studying as much as you should.

Woman: You're so right. I do this every year. I let the work pile up until it's too late. It's overwhelming.

Man: Listen. No situation is hopeless. Let's break it down and work up a strategy. Give me the facts.

Woman: I have final exams in biochemistry and French history in two weeks. And my term paper in modern literature is due in just ten days. My boss also needs me to keep working at the grocery store twice a week, and my volleyball team has practice three days a week.

Man: First of all, can't you take a break from your job and volleyball?

Woman: But if I quit my part-time job, I'll have to beg my parents for extra money—again. It's embarrassing. My boss is short staffed, and my volleyball team really needs me, too.

Man: Priorities, Angela. You have to make some tough decisions. What's most important to your future?

Woman: My boss and teammates will be disappointed.

Man: They'll get by. Focus on those exams and that term paper. Who's your literature professor?

Woman: Willoughby. Do you know him?

Man: Yes. And as I recall, he'll allow students to take an "Incomplete" grade. That's where, if you have a good excuse, you can postpone the deadline for your term paper until late summer. You have to write a more difficult paper, but if you meet the later deadline, you won't be penalized. If you don't make that deadline, you'll have to take the class all over again.

Woman: I think I remember him mentioning that at the beginning of the semester.

Man: Now, let's talk about the next two weeks. We're going to work up a day-by-day study schedule to prepare you for those two final exams. It's going to take some hard work and tough decisions. But you can pull through this if you really want to.

Question: The students are discussing a problem. Give a brief summary of the problem, and state which solution you would recommend. Explain the reasons for your recommendation.

スクリプト訳

ナレーター： 2人の学生の会話を聞きなさい。
男性：やあ，アンジェラ。春学期ももうすぐ終わりだね。夏休みが待ち遠しい？
女性：いいえ，ブラッド。いつもこの時期は恐ろしいのよ。
男性：ふーん。なぜか当ててみようか。難しい期末試験の勉強と学期末レポートを1つか2つほどため込んでいる。それなのにまだ勉強が追いついていないとか。
女性：その通り。毎年こんな調子なの。課題をため込んじゃって，間に合わなくなっちゃうの。すごいプレッシャーよ。
男性：いいかい，どんな状況でも望みはあるさ。整理して戦略を立ててみようよ。状況を言ってごらん。
女性：2週間後に生化学とフランス史の期末試験があるの。現代文学の期末レポートの締め切りまでたった10日しかないのよ。それに食料品店の店長は私に週2日働いてほしがっているし，バレーボール部の練習は週3日あるしね。
男性：まずは，仕事とバレーボールを休んだらどう？
女性：だけどアルバイトを辞めるとしたら，親にお小遣いを出してもらうように，またお願いしないと。そんなの恥ずかしいわよ。私の店長のところは人手不足だし，バレーボール部も私を本当に必要としているの。
男性：優先順位だよ，アンジェラ。君は厳しい決断をしなきゃいけないんだ。君の将来にとって一番重要なことは何かな？
女性：店長やチームメイトはがっかりするでしょうね。
男性：何とか切り抜けてくれるよ。試験とレポートに集中しなよ。文学の教授は誰なの？

女性：ウィロビー先生よ。知っているの？
男性：うん。それに僕の記憶では，彼は生徒に「保留」評価を認めているよ。もしそれなりの理由があれば，学期末レポートの締め切りを夏の終わりまで延期してもらえるんだ。君はさらに難度の高いレポートを書く必要があるけれど，遅いほうの締切日さえ守れば，不利になることはないはずだ。その提出期限を守らない場合は，クラスを再履修することになるだろうね。
女性：学期の初めに彼がそんなことを言っていたのを思いだしたわ。
男性：さて，それじゃあ今後2週間のことだね。最終試験2科目の準備をするために，まずは毎日の学習計画を立てないといけないね。なかなか大変なことになりそうだし，厳しい決断も必要だ。だけど，君が本当にそうしようと思ったら，なんとかやれるものだよ。

設問：学生たちはある問題について話し合っている。その問題の概略を説明して，あなたがどの解決策を勧めるかを述べなさい。あなたが勧める理由も説明すること。

◆設問 6
スクリプト

Narrator: Listen to a part of a talk in an astronomy class.

Professor: For centuries, scientists have wondered about the origin of the moon. And our understanding improved greatly after men actually visited the moon and brought rocks home. Before that, there were several generally accepted theories about how the moon might have originated.

Before astronauts went to the moon, my colleagues and I supported one of these older explanations called the "fission" theory. "Fission" is a scientific word that basically means "to split apart." And this theory holds that the moon was once part of the earth that split off to become what it is today. According to this theory, the young earth was spinning around very fast. Its gravity was not strong enough to hold it all together. And a large piece broke away and became the moon.

In the 1980s, however, a new theory emerged, called the "giant impact" theory. The explanation here is that a huge object crashed into the young earth. The impact was tremendously violent. It threw a giant cloud of debris into orbit around the earth, and over time this debris solidified to become the moon. I now prefer this theory to the fission theory.

Both theories can explain the fact that the moon lacks iron. But the giant impact theory provides a better explanation of the chemical composition of the rocks brought here from the moon. The chemicals in these rocks, their combinations and percentages show that they were more likely formed of debris from a violent impact. The giant impact theory also provides a better explanation of the speed and angle at which the earth spins, and at which the moon moves around the earth.

Question: Using points and information from the talk, describe the professor's ideas about how the moon originated.

スクリプト訳

ナレーター：天文学のクラスの講義の一部を聞きなさい。

教授：何世紀もの間，科学者たちは月の起源について思いをめぐらしてきました。そして人類が実際に月に降り立ち，月の石を地球に持ち帰ってから，我々の理解は大いに進みました。それより以前には，月の起源について，一般に受け入れられていた説がいくつかありました。

宇宙飛行士が月に行く前，同僚と私はこうした古い考え方の1つである「分裂」説を支持していました。「分裂」とは科学用語で，つまりは「割れてばらばらになる」というのがその基本的な意味です。この説では，月はかつて地球の一部であったが，飛び出して離れ，今日の月になったとしています。この説によれば，若い地球は非常に速いスピードで回転していて，その重力はすべてを保持するほど強力でなかったのです。そのため大きな塊が壊れて離れ，月になったということです。

しかし1980年代に新しい説が浮上して，「巨大衝突」説と呼ばれました。この説では巨大な物体が若い地球と衝突したと説明しています。その衝撃はとてつもなくすさまじいものでした。衝撃により地球の軌道上に破片の巨大な雲ができ，やがてこれらが集積して月を形成したと考えられます。私は現在，分裂説よりこちらの説を支持しています。

両説とも月には鉄がないという事実を説明できています。しかし巨大衝突説の方が，月から持ち帰った石の化学組成をうまく説明しているのです。これらの石に含まれる化学物質やその組成，割合は，おそらくは石がすさまじい衝撃で生じた破片からできたものであることを示しています。また巨大衝突説の方が，地球の自転および月が地球の周りを回る速さや角度をうまく説明できるのです。

設問：講義で述べられた要点や情報を用いて，月の起源についての教授の考えを説明しなさい。

◆**単独型スピーキングタスク（設問1・2）**
指示
　この問題では身近なトピックについて尋ねられる。設問を聞いた後，答える準備に15秒間，話す時間に45秒間与えられる。

◆**統合型スピーキングタスク（設問3・4）**
指示
　これより短いパッセージを読み，それと同じトピックの会話を聞きなさい。そしてそれらについて質問される。質問を聞いてから，30秒間で答えるための準備をして，60秒間で解答しなさい。

◆**統合型スピーキングタスク（設問5・6）**
指示
　これから話の一部を聞く。そしてそれについて質問される。質問を聞いてから，20秒間で答えるための準備をして，60秒間で解答しなさい。

Chapter 4

ライティング・セクションの攻略法

TOEFL ライティングを知ろう！

　ライティングはスピーキングより時間的な余裕はあるものの，文章が残るので，わかりやすさや文法的正確さの観点から，より厳しいチェックが入ります。また，スピーキングと同様に「要点を押さえて自分の言葉で説明する」能力と，説得力が求められています。

　このセクションでは，構文力アップを図りながらライティングセクションの対策を行います。アカデミックな内容にも対応できる力も，同時に養っていきましょう。

TOEFL ライティング概要

　TOEFL ライティングは合計約 55 分で，他のセクションと同様に 30 点満点です。「Integrated Writing Task（統合型ライティングタスク）」と「Independent Writing Task（単独型ライティングタスク）」に分かれています。それぞれから 1 問ずつで合計 2 問です。

　統合型では画面に現れるパッセージ（教科書の抜粋）を読み，講義を聞いてから解答します。単独型は，短い設問を読んで，それに対する解答を書くという形式です。

　各解答は 0 〜 5 点のスケールで採点され，最終的に 30 点満点に換算されます。

Integrated Writing Task（統合型ライティングタスク）(R + L)*		
設問 1	講義内容を要約する問題	20 分

* リーディング（3 分）とリスニング（2 分）の両方からの情報に基づく。

Independent Writing Task（単独型ライティングタスク）(R)**		
設問 2	意見に基づき作文する問題	30 分

** 画面に短い設問が現れる。

TOEFLライティング攻略の7ステップ

❶ TOEFLライティング共通対策

    STEP 1　文をつなぐための構文を身につける　　　　（攻略法 1）

❷ 統合型ライティングタスク（設問1）対策

    STEP 2　情報の相違点を述べる表現を身につける　　（攻略法 2）
    ↓
    STEP 3　読解と聴解による情報分析をする　　　　　（攻略法 3）
    ↓
    STEP 4　情報をまとめてエッセイにする　　　　　　（攻略法 4）

❸ 単独型ライティングタスク（設問2）対策

    STEP 5　比較文に強くなる　　　　　　　　　　　　（攻略法 5）
    ↓
    STEP 6　順序立てて話を展開させる　　　　　　　　（攻略法 6）
    ↓
    STEP 7　説得力を持たせる　　　　　　　　　　　　（攻略法 7）

❹ TOEFLライティング総合対策

    TOEFL形式の問題に挑戦　　　　　　　　　　　　（実力テスト）

1 TOEFLライティング共通対策

攻略法1 文単位からエッセイにつないでいこう！

　話の流れを整理して伝えるための「つなぎ言葉」（移行表現）を使いこなすことで，エッセイの形で伝える表現力が得られます。まずはエッセイを書く際に便利な8種のつなぎ言葉を身につけて，TOEFLライティングに共通して役立つ表現技術を高めましょう。

エッセイ全体の中の話の移行を示す「つなぎ言葉」一覧

構文	例
however, 「しかしながら」 （butよりも改まっている）	This rhythm pattern is very popular and familiar now. **However,** when it was first introduced, many music fans did not accept it. （このリズムのパターンは今ではよく普及してなじんでいる。**しかし**，これが導入された当初は音楽ファンの多くが受け入れなかったものだ）
with ~ 「~で」「~すれば」	**With** a little practice and patience, most people can do it well.*1 （少しの練習と忍耐**で**，たいていの人はうまくできるものだ）
as a result, 「その結果」	African Americans in the South struggled long to gain civil rights. **As a result,** the Voting Rights Act of 1965 was passed. （公民権を得るために，南部のアフリカ系アメリカ人たちは長い間闘争した。**その結果**，1965年の投票権法が通過成立した）
then 「それから」「そして」	First, you must collect and analyze data. **Then,** you have to predict what will happen in the future. （まずデータを収集して分析しなければならない。**それから**，未来に何が起こるか予測するのだ）

構文	例
Although ~, … . 「~だが…である」 (but よりアカデミック)	**Although** the Mayans disappeared long ago, their ideas still receive lots of interest today.[*2] (マヤ人が失踪したのはずいぶん昔のこと**だが**, 彼らの思想には今日でも多くの関心が寄せられている)
In short, 「つまり」「要するに」	Even with our most advanced technology, we could not reproduce the Great Pyramids. **In short,** we are not as advanced as the Egyptians of 2500BC. (我々の最新技術をもってしてもピラミッドを再現することはできないだろう。**つまり**, 我々は紀元前2500年のエジプト人ほど進歩していないということだ)
for example, 「例えば」	The English language has many words to describe colors. Red, scarlet, and rouge, **for example,** may all indicate the same color. (英語には色を形容する言葉が多くある。**例えば**, レッド, スカーレット, ルージュはすべて同じ色を指すこともある)
instead of ~ 「~の代わりに」 「~しないで」	**Instead of** being imprisoned, they chose to be exiled.[*3] (彼らは投獄される**代わりに**国外追放を選択した)

[*1] Most people can do it well with a little practice and patience. としても可
[*2] The Mayans' ideas still receive lots of interest today although they disappeared long ago. としても可
[*3] They chose to be exiled instead of being imprisoned. としても可

練習問題 1 空所に適切なつなぎ言葉を入れ, TOEFLエッセイに役立つ英文を完成させなさい。7および8は, 適切なつなぎ言葉を用いて, 与えられた日本語を英語に正しく訳しなさい。

1.
　A few species, like the frog and chicken, (　　　) (　　　), change their physical features quite dramatically as they grow into adulthood.

2.
(　　　　)(　　) accepting what the textbook says, the professor did his own research.

3.
As I see it, when you are young, you don't have money. When you reach your prime, you have money but not time. When you retire, you have money and time, but you may no longer have good health. (　　　)(　　　　), you may never enjoy the three at the same time.

4.
(　　　　) penguins are classified as birds, they cannot fly. Their "wings" help them "fly" in water.

5.
My father often had guests from overseas in our house. (　　　)(　　)(　　　　), I developed a strong interest in other cultures.

6.
Most Japanese college students have studied English for at least 6 years. (　　　　), many find it difficult to speak English fluently.

7.
自分の英語力で将来は海外で就職したい。

_____

8.
私は外国語を学ぶ際，まず本で学んでみて，それから先生を探す。

_____

> つなぎ言葉は入ったかな？ 一見，文法やリーディングの問題のようだけど，これは**エッセイ採点の重要な要素**なんだ！

解答

■ 練習問題 1

1. (for) (example)
2. (Instead) (of)
3. (In) (short)
4. (Although)
5. (As) (a) (result)
6. (However)
7. With my English skills, I would like to get a job overseas in the future.
   または I would like to get a job overseas in the future with my English skills.
8. When I learn a foreign language, I will first try to learn from a book, and then find a teacher.

訳

1. **例えば**カエルや鶏のように，大人へ成長するにつれて劇的に身体的特徴を変えてしまう種もいる。
2. 教授は教科書に書いてあることを受け入れる**代わりに**，独自に調査をした。
3. 私が思うに，若いときはお金がなく，働き盛りにはお金はあるが時間がない。定年退職するとお金も時間もあるが，もはや健康でないかもしれない。**要するに**，3つを同時に享受することはないかもしれないわけだ。
4. ペンギンは鳥類に分類されている**が**，飛ぶことはできない。ペンギンは「翼」のおかげで水中で「飛ぶ」ことができる。
5. 父はよく外国からの客を家に招いた。**その結果**，私は異文化に強い関心を持つようになった。
6. ほとんどの日本人大学生は英語を最低でも6年は学習してきた。**しかしながら**多くの人が英語を流暢に話すのは難しいと感じている。

2　Integrated Writing Task（統合型ライティングタスク）

●試験の流れ
1. パッセージ（教科書の抜粋）が画面に登場し，読む時間が3分与えられる。（メモを取っても構わない）
   ↓
2. 3分後にパッセージが画面から消え，2分間の講義のリスニングが始まる。トピックは1のパッセージと同じであるが，別の視点や追加的情報が述べられる。（メモを取っても構わない）
   ↓
3. リスニング終了後，再びパッセージが画面に現れる。
   ↓
4. 講義の内容をエッセイでまとめる。その際にパッセージの情報との関連についても触れること。時間は20分与えられる。

●解法のポイント：
　リーディングとリスニングに基づき，エッセイをまとめます。パッセージ（リーディング）と講義（リスニング）では同じトピックを扱いながら見解が異なるので，講義内容をエッセイにまとめる際には，パッセージとの違いを反映させる必要があります。評価はエッセイとしての質の高さや内容の正確さ，情報量においての完成度によってなされます。

攻略法2　**相違点を述べる表現を身につけよう！**

　パッセージと講義がそれぞれ別の見解を示していることをエッセイで表現する際に，役立つ表現を押さえておきましょう。

異なる見解を説明するための語句一覧

語句	例
be different from ~ 「~と異なる」	The professor's view **is different from** that* of the passage.　　　　　　　　（* that = the view） （教授の見解はパッセージの見解**とは異なる**）

語句	例
present ~（名詞） 「～を示す・述べる」	The professor **presents** a view that is very different from what is stated in the passage. （教授はパッセージで述べられていることと大きく異なる見解**を示している**）
point out ~（名詞 / that 節） 「～を指摘する」	The professor **points out** the absence of evidence. （教授は証拠の欠如**を指摘している**） The professor **points out** that the theory lacks evidence. （教授はその説は証拠を欠く**と指摘している**）
regarding ~（名詞） 「～について」	The passage and lecture present different views **regarding** the outcome of the war. （戦争の結果**について**パッセージと講義では異なる見解を示している）
state ~（名詞 / that 節） 「～と述べる」	She **states** her reason for not supporting the theory. （彼女はその説を支持しない理由**を述べている**） Regarding its origin, the passage **states** that it goes back to the 8th century. （その起源についてはパッセージは 8 世紀にさかのぼる**と述べている**）
insist ~（that 節 / on ＋名詞） 「～を主張する」	Although the passage states a traditional view, the professor **insists** on another view. （パッセージは従来の説を述べているが，教授は別の見解**を主張している**） The professor **insists** that the method should be reviewed. （教授はそのやり方は見直されるべきだ**と主張している**）
while ~（節） 「～である一方で」	**While** the passage states one single cause, the professor presents a series of causes. （パッセージでは単独の原因を述べている**一方**，教授は連続した複数の原因を示している）
contradiction 「矛盾点」	The professor points out a **contradiction** in the passage. （教授はパッセージの**矛盾**を指摘している）

語句	例
disagree with ~（名詞）/ **oppose** ~（名詞） 「〜に反対する」	Seeing a contradiction, the professor **disagrees with** the view. （矛盾を認識した上で，教授はその見解に**反対している**） The professor **opposes** the statement in the passage regarding the effect of the discovery. （教授は発見がもたらす影響についてパッセージ中の記述に**反対している**）
on the other hand, 「その一方では」	The passage insists that language helps us communicate with each other. **On the other hand,** the professor points out that we often miscommunicate through language. （パッセージは言語は我々の相互のコミュニケーションの助けとなっていることを主張している。**その一方で**，教授は言語を通して我々は頻繁に伝達ミスを犯してしまうと指摘している）

> **練習問題2** パッセージと講義の相違点を表した TOEFL エッセイの抜粋が3種類ある。（　）のうち最適な語を選んで文章を完結させなさい。

1.

パッセージ（リーディング）
A foreign explorer was the pioneer of that land.

講義（リスニング）
There cannot be any "pioneer" as there were indigenous people already living there.

TOEFL エッセイ 1

(**When / Although / If**) the passage (**states / opposes / views**) that a foreign explorer was the pioneer of that land, the professor (**opposes / insists / different**) the statement. She (**disagrees with / points out / statements**) that there cannot be any "pioneer" as there were indigenous people already living there.

TOEFL エッセイ 2

The professor (**states / points out / disagrees with**) the passage (**that / although / regarding**) the statement that a foreign explorer was a pioneer of that land. In her (**view / contradiction / regarding**), there cannot be any "pioneer" (**although / regarding / because**) there were indigenous people already living there.

TOEFL エッセイ 3

The professor points out a (**contradiction / view / present**) in the statement of the passage. (**Regarding / While / On the other hand**) the passage (**opposes / presents / disagrees with**) a view that a foreign explorer was the pioneer of that land, the professor (**disagrees with / insists / presents**) that there cannot be any "pioneer" as there were indigenous people already living there.

2.

パッセージ（リーディング）
In order to solve environmental problems, we must learn to reduce the use of industrial technology.

講義（リスニング）
We must develop industrial technology more so that it can solve environmental problems.

TOEFL エッセイ 1

The passage (**is different from / opposes / supports**) the idea that we must learn to reduce the use of industrial technology in order to solve environmental problems. (**On the other hand / While / Although**), the professor presents a view that (**points out / insists / is different from**) it. She (**disagrees with / is different from / insists**) that we must develop industrial technology more so that it can solve environmental problems.

TOEFL エッセイ 2

(**Regarding / While / Contradiction**) the passage (**insists / states / opposes**) the use of industrial technology, the professor (**insists / is different from / opposes**) that we must develop industrial technology more in order to solve environmental problems.

TOEFL エッセイ 3

(**While / Although / Regarding**) environmental problems, the passage (**presents / disagrees with / is different from**) the idea that we should reduce the use of industrial technology (**if / while / that**) the professor disagrees with it. She states in the lecture that (**although / because / if**) we develop industrial technology more, it can solve environmental problems.

相違点を述べる語句が，これで身についたよね！

解答

■ 練習問題 2

1.
TOEFL エッセイ 1　Although, states, opposes, points out
TOEFL エッセイ 2　disagrees with, regarding, view, because
TOEFL エッセイ 3　contradiction, While, presents, insists

2.
TOEFL エッセイ 1　supports, On the other hand, is different from, insists
TOEFL エッセイ 2　While, opposes, insists
TOEFL エッセイ 3　Regarding, presents, while, if

訳

1. パッセージ

　ある外国人探検家がその地の開拓者だ。

講義

　そこにはすでに土着民族が住んでいたので「開拓者」というのはありえない。

TOEFL エッセイ 1

　パッセージはある外国人探検家がその地の開拓者であると述べているが、教授はその説に反対の姿勢をとっている。教授が指摘するには、そこにはすでに土着民族が住んでいたので「開拓者」というのはありえないということだ。

TOEFL エッセイ 2

　ある外国人探検家がその地の開拓者であるという説明については、教授はパッセージと反対の姿勢をとっている。教授の見解では、そこにはすでに土着民族が住んでいたので「開拓者」というのはありえない。

TOEFL エッセイ 3

　教授はパッセージの説明の矛盾を指摘している。パッセージがある外国人探検家がその地の開拓者であるという見解を示している一方で、教授はそこにはすでに土着民族が住んでいたので「開拓者」というのはありえないと主張している。

2. パッセージ

環境問題の解決のために，我々は産業テクノロジーの使用を減らすことを学ばなければならない。

講義

環境問題を解決できるように，我々は産業テクノロジーをもっと発達させなければならない。

TOEFL エッセイ 1

パッセージは，環境問題の解決のために我々は産業テクノロジーの使用を減らすことを学ばなければならないという考えを支持している。その一方で，教授はそれとは異なる見解を示している。教授が主張しているのは，環境問題を解決できるように我々は産業テクノロジーをもっと発達させなければならないということだ。

TOEFL エッセイ 2

パッセージが産業テクノロジーの使用に反対している一方で，教授は環境問題の解決のために我々は産業テクノロジーをもっと発達させなければならないと主張している。

TOEFL エッセイ 3

環境問題については，パッセージは我々は産業テクノロジーの使用を減らすべきだという考えを示している一方で，教授はそれに反対している。教授が講義の中で述べているのは，産業テクノロジーをもっと発達させたら，それが環境問題の解決になりうるということだ。

攻略法3　読解と聴解による情報分析をしよう！

　リーディングとリスニングによって得たそれぞれの情報の相違点を示すためには，確実に情報を収集して，集めた情報を分析しなければなりません。ある程度まとまった量のパッセージの読解と講義聴解にチャレンジしてみましょう。

練習問題3　以下の英文を3分以内で読んでから，それについての講義を聞きなさい。講義は同じトピックでありながら異なる見解を示しているので，相違点を見つけなさい。メモを取っても構いません。

Reading Time: 3 minutes

Possible Explanations for the Fall of Angkor Civilization

　The Angkor Civilization was the largest among the world's preindustrial developments. It flourished from around the 9th through the 14th centuries with a population of about 750,000 people, and included all of Cambodia, southeastern Thailand and northern Vietnam. The city of Angkor contains more than a thousand temples, of which the greatest and the most famous is the temple of Angkor Wat. Angkor Wat was designated as a World Heritage site by UNESCO in 1992. It took about 37 years and 50,000 men to complete. Other signs of their advanced technology include a highly advanced network of waterways and sophisticated buildings constructed with sandstone.

　Then, about 700 years after its emergence came the decline of the Angkor kingdom. With the little information available to date, it is difficult to determine how such a large civilization came to its end. Three theories, however, have been raised by researchers and scholars.

1. Limits of the water management system: Their human-built water management system could no longer sustain the continuing development of the city and its population growth.
2. Severe weather patterns: The area had a weather pattern that alternated between the extremes of monsoon rains and a dry season, and this made the area very difficult to live in. As a result, people moved out of the Kingdom.

3. Attacked by invaders: The highly developed road and water network of the Angkor Civilization actually made it convenient for neighboring kingdoms to invade and attack the heart of Angkor.

Lecture 　　　　　　　　　　　　　　　　　　　　🔘 **CD-69**

パッセージで読んだ情報と講義で聞いて得た情報をまとめなさい。

パッセージを読んで得た情報にはP, 講義を聞いて得た情報にはL, どちらにも共通する情報には○, どちらにもない情報には×を, それぞれの（　）に入れなさい。

1. (　) The water management system of the Angkor Civilization shows the advanced skills and intelligence of its people.

2. (　) Sandstone was used to construct buildings because the Angkor people did not have basic architectural knowledge.

3. (　) The Angkor Civilization came to an end after much successful expansion and achievement.

4. (　) The fall of the Angkor Civilization can be better explained now that some serious investigation has been done.

5. (　) Not a single event, but a chain of events led the Angkor Civilization to its end.

6. (　) Angkor's well-developed roads and waterways created convenient access for its enemies to invade to Angkor's center.

7. (　) A major flood wiped out the area because human-built waterways were already under stress from the extreme weather pattern of severe rainy and dry seasons.

> TOEFLのライティングでは, **読解とリスニングの両方の力**が求められるので, とってもいい練習になったよね！

解答

■ 練習問題3

1. ○ 2. × 3. ○ 4. L 5. L 6. P 7. L

ポイントのまとめ

パッセージと講義に共通
- アンコール王国は偉大な発展を遂げた文明だった。
- 水管理システムと砂岩の建造物がアンコールの高度な技術の象徴である。
- アンコール文明は衰退した。

パッセージ
- アンコール文明の衰退については情報が乏しい。
- アンコール文明の衰退には3つの仮説があり,
    1. 都市開発の続行により水管理システムが限界となった。
    2. モンスーン雨と乾季を繰り返す激しい天候パターンに住めなくなった。
    3. 発達した道路や水路が近隣王国の侵略を容易にしてしまった。

講義
- 最近の本格的な調査によりアンコール文明の衰退の原因がわかってきた。
- 3仮説はいずれも矛盾があるため有効な説ではない。
- 3仮説のうちいずれかでなく,すべての要素が連鎖して衰退が起こった。

本文訳・解説

1. 訳:アンコール文明の水管理システムはその文明を生きた人々の高度な技術と知恵を示している。

解説:パッセージと講義の両方が,アンコールの水管理システムを高く評価している。パッセージでは "advanced technology" の現れであると述べ,また "a highly advanced network of waterways" であると評している(第1段落の終わり)。講義では,初めのほうに "...sustained the city at the peak of its development"(発展の絶頂期にあって都を支えた)と述べられており,さらに終わりのほうでは "their strength"(アンコールの強み)であったと評している。

2. 訳：建造物の建設に砂岩が使われたのはアンコールの人々に建築の基本知識がなかったためである。

解説：砂岩建築が知識の欠如によるものとはどちらにも述べられていない。パッセージではそれが"sophisticated buildings"（見事な建造物）として登場し，講義の終わりにも水管理システムと並んで"strength"と形容され，アンコールの"great achievements"の1つだとされている。砂岩の建造物の崩壊については，講義でpowerful monsoonによるものだとの説明がある。

3. 訳：アンコール文明は盛大な発展と成功の後に幕を閉じた。

解説：アンコール文明の繁栄および衰退の話は，パッセージと講義の両方で言及されている。アンコール文明の発展や成功については，1と2で登場した水管理システムと砂岩建築への評価の高さから推測できる。閉幕については，さまざまな同義表現で述べられている。パッセージの第2段落では"came the decline"，"came to its end"という言い方が用いられており，講義の冒頭でも"came to an end"，そして終わりで"the fall of the civilization"と表現されている。

4. 訳：アンコール文明の没落は，本格的な調査が行われて以来，よりよい説明がなされるようになった。

解説：講義の冒頭で，アンコール文明の終末について"had long been a big mystery until serious investigations were conducted recently"「最近本格的な調査がなされるまでは大きな謎だった」と述べられている。そしてパッセージの掲げる3つの仮説については"none of them explains it completely"（どれも完全な説明にはなっていない）としていることから，パッセージには本格的な調査の結果が反映されていないことがうかがえる。

5. 訳：1つの出来事だけではなく，複数の出来事の連鎖がアンコール文明を終末に導いた。

解説：パッセージでは3つの独立した説がアンコール文明の衰退の説明としてあげられているのに対し，講義では"a series of events led the Angkor Civilization to decline"と説明している。chainとseriesは「連鎖・連続」を意味する同義語だと気が付けるかどうかがポイント。

6. 訳：アンコールの高度に発達した道路や水路が，敵にとってアンコール中枢への便利な侵略経路となってしまった。
解説：パッセージの第3説で同様のことが述べられているが，講義では洪水の説明の後で "When the city was in panic, nearby kingdoms took the opportunity to invade..."（都市がパニック状態に陥ったとき，近隣王国は侵略するチャンスを得た）と別の推理を展開させている。

7. 訳：人工水路は豪雨と乾季の極端な天候パターンのためにすでに負荷がかかっていたので，大規模な洪水によってその地域が一掃されてしまった。
解説：パッセージでは水路については第1説で「都市開発と人口増加を支えきれなかった」としており，天候パターンについては第2説で「"very difficult to live in"（非常に住みにくい）ことから人々が "move out" した」にとどまっており，天候と水路崩壊がつながる説明はない。それに対し講義では，「強力なモンスーン→建造物の砂岩の崩壊→砂岩の流出と水路のせき止め→洪水」のように極端な天候と人工水路の崩壊を連鎖させて示している。

講義スクリプト

Well, how the Angkor Civilization came to an end had long been a big mystery until serious investigations were conducted recently.

We read the three theories but none of them explains it completely. Their water management system sustained the city at the peak of its development, and both the severe weather extremes and the threat of invasion were already there when the Angkor was in its prime.

So, think of it this way: instead of one single cause, a series of events led the Angkor Civilization to decline.

First, the extreme weather had put the water management system under stress and further city development made it even worse. They were also clearing the surrounding forest to create more houses and waterways, but remember, deforestation increases the risk of flood. Then, sure enough, when a powerful monsoon came, the sandstone of the buildings was washed out. As a result, the waterways were blocked and the area was severely flooded. When the city was in panic, nearby kingdoms took the opportunity to invade and attacked the area. Now you can understand that this chain of events explains the facts better than any single theory can.

In short, their water management system and sandstone buildings were their strength and weakness at the same time. They symbolize the great achievements of the Angkor Civilization, but in turn, were the causes of the fall of the civilization. Very ironic, isn't it?

リーディング訳
読む時間：3分

アンコール文明の衰退の理由として考えられるもの

アンコール文明は産業化以前の発展としては世界最大である。栄えたのは9世紀頃から14世紀頃で，約75万人の人口を抱え，その領土はカンボジア全域，タイの南東部，ベトナム北部に及んでいた。アンコールの都市には1000以上の寺院があり，中でも最も大規模で有名なものがアンコールワットである。アンコールワットは1992年にユネスコで世界遺産として指定されており，およそ37年間の歳月と5万人の労働力によって完成された。他に彼らの技術の高さを示すものとして，高度に発達した水路と，砂岩を用いて作られた見事な建造物がある。

それから，文明が興ってからおよそ700年後，アンコール王国に衰退が訪れた。今日まで記録はほとんど残されていないため，そんな大規模な文明がどのようにして滅んでしまったのか，特定することは難しい。しかし，研究者や学者はこれまでに3つの説をあげている。

1. 水管理システムの限界：人工の水管理システムが，継続する都市開発と人口増加をもはや支えられなくなった。
2. 激しい天候パターン：その地域の天候パターンは，モンスーンによる雨季と乾季が交互に訪れるという極端なものだった。それによって非常に住みにくくなり，人々は王国を去っていった。
3. 侵略者による攻撃：アンコール文明の高度に発達した道路と水路のネットワークは，実際は近隣の王国にとってアンコールの心臓部を侵略・攻撃しやすくしてしまった。

> **スクリプト訳**

　さて，アンコール文明がどのように終末を迎えたのかは，最近本格的な調査がなされるまではずっと大きな謎のままでした。

　3つの説を読みましたが，どれも完全な説明にはなっていません。水管理システムは発展の絶頂期にあって都を支えていましたし，激しい天候パターンや侵略の脅威もアンコールの最盛期には既に存在していました。

　ですから，このように考えてみてください。原因は1つでなく，いくつかの出来事が連続的に発生し，そのことがアンコール文明を終末に導いたのだと。

　まず極端な天候が水管理システムに負荷をかけ，引き続く都市開発はそれをさらに悪化させました。またさらに家屋や水路を造るために周辺の森林を伐採していたのですが，ここで覚えておかなければならないのが，森林伐採は洪水の危険性を高めるということです。そして案の定，大規模なモンスーンの到来で建造物の砂岩が流し出されたのです。その結果，水路が塞がれてしまい，大洪水が起こったのです。都市がパニック状態に陥った時，近隣王国は侵略・攻撃をするチャンスを得たのです。このような出来事の連鎖による説明のほうが，いずれの単独説のみよりも説明がつくということがわかったと思います。

　つまりは，人工の水管理システムと砂岩の建造物というのは，アンコールの強みであり同時に弱みでもあったのです。それらはアンコール文明の偉業の象徴でありながら，また，文明崩壊の原因でもあったのです。何とも皮肉な話だと思いませんか？

攻略法 4　情報をまとめてエッセイにしよう！

情報収集と分析ができたら，今度は練習問題3で確認した個々の情報を，TOEFLエッセイにまとめて示す練習をしましょう。

練習問題 4 以下のTOEFLエッセイの（　　）に，適切な語句をヒントの語群より選んで書き入れなさい（文頭に来る語も小文字で始まっている）。

ヒント

as a result ／ because ／ better ／ contradiction ／ in short ／ instead of ／ on the other hand ／ opposes ／ passage ／ regarding ／ series ／ states ／ stress ／ theories

TOEFLエッセイ

　　(1.　　　　　　) the fall of the Angkor Civilization, the (2.　　　　　　) presents three (3.　　　　　　); the limit of their water management system; the severe weather patterns; and attack by neighboring kingdoms. (4.　　　　　　), the professor (5.　　　　　　) the statement and points out a (6.　　　　　　) with each theory. She states that none of the theory is a good explanation (7.　　　　　　) the Angkor Kingdom already had enough experience with the water management system, severe weathers and invasion threats.

　　From recent serious investigations, she found a (8.　　　　　　) explanation that (9.　　　　　　) one single cause, a (10.　　　　　　) of events had put the civilization to an end.

　　The lecture (11.　　　　　　) that the continuous city development put a lot of (12.　　　　　　) on their water management system, and the severe weathers made it even worse. So the city was not prepared when it was attacked by a major monsoon. As buildings were destroyed in the flood, a large amount of sandstone was washed into the waterways. (13.　　　　　　), the waterways were blocked and then it caused a panic. In the end, the situation gave enemy kingdoms a chance to attack the heart of Angkor.

　　(14.　　　　　　), none of the theories in the passage was a good explanation alone. The lecture points out that they should be all connected to each other to explain the fall of the Angkor Civilization.

解答

■練習問題 4

1. Regarding 2. passage 3. theories 4. On the other hand
5. opposes 6. contradiction 7. because 8. better 9. instead of
10. series 11. states 12. stress 13. As a result 14. In short

TOEFL エッセイ訳

　アンコール文明の衰退については，パッセージは 3 つの仮説を示しており，それらは水管理システムの限界，極端な天候パターン，近隣王国による攻撃である。その一方で教授はその説明に反対の立場をとっており，それぞれの仮説に対しての矛盾を指摘している。教授は，アンコール王国はすでに水管理システム，極端な天候，侵略の脅威において十分な経験があったことから，どの仮説も正当な説明でないと述べている。

　最近の本格的な調査から教授は，単独の原因によるものではなく，連続した事柄がアンコール文明を終末に追い込んだという，よりつじつまの合う説にたどり着いた。

　講義では，継続する都市開発が水管理システムに多くの負荷をかけ，極端な天候がそれをさらに悪化させたとしている。そのためアンコールの都市は，大規模なモンスーンに襲われた際にそれに対応できる準備ができていなかった。建造物が洪水で崩壊する際に大量の砂岩が水路に流れ込んだ。その結果，水路は塞がれパニックを引き起こした。ついにそういった状況は，敵の王国にアンコールの心臓部を攻撃するチャンスを与えてしまった。

　つまり，パッセージの仮説はどれも単独では正当な説明とはならなかった。アンコール文明の衰退を説明するにはそれらすべてがつながっていなければならないと，講義は指摘している。

3 Independent Writing Task（単独型ライティングタスク）

●試験の流れ
1. 画面に意見を尋ねる短い設問が現れる。
   ↓
2. 30分で，設問に答えるエッセイを完成させる。
   （質問は画面上に出たまま消えない）

●解法のポイント
　知識と経験に基づいたライティングタスクです。自分の意見を述べ，その根拠を説明する内容のエッセイを書きます。評価は意見の内容ではなく，エッセイの「質」によってなされます。質とは，話の展開，構成，語彙レベルや文法といった言語の質，解答としての正確性などを含みます。

攻略法5　比較文に強くなろう！

　Independent Writing Task（単独型ライティングタスク）では，たいてい「**AとBのどちらがより重要か**」「**Aが最も重要である，という考え方に賛成か反対か**」という問われ方をするので，比較表現を使いこなすことが大きなポイントです。

比較に使える語彙・構文一覧

語彙・熟語	例
While ~, ... 「~である一方では…だ」	**While** telling only the truth is considered honest, it creates the risk of hurting someone's feelings. （真実のみを語ることは正直だとみなされる**一方で**，人の気持ちを傷つけるリスクもある）
more ~ than ... 「…よりもっと~だ」 ［形容詞＋er］の場合もある	Learning that happens outside the classroom can be **more important than** learning from inside. （教室外での学習のほうが教室内の学習**よりも大切**ということもある） To me, a job that provides me with valuable skills is **better** than a job that provides me with a high salary. （私にとっては，高給が得られる仕事よりも貴重なスキルを身につけられる仕事**のほうがよい**）

語彙・熟語	例
as ~ as ... 「…と同様に～である」 「…と同じくらい～である」	Sometimes, failing is **as meaningful an experience as** succeeding. ＊asとasの間に名詞が入る場合 (ときには失敗は成功**と同じくらい有意義な経験だ**) Developing interpersonal skills is **as helpful as** learning job skills. ＊asとasの間に形容詞が入る場合 (対人能力を身につけることは仕事のスキルを習得すること**と同じくらい役に立つ**)
not as ~ as ... 「…ほど～ではない」	In my opinion, knowledge is **not as important as** practical skills. (私の意見では，知識は実用的なスキル**ほど重要ではない**) Challenges are often not **as difficult as** anticipated. (挑戦というのはしばしば予想していた**ほどは難しくない**ものだ)

練習問題5 ヒントを参照しながら空所に適切な比較表現を入れ，TOEFLエッセイに役立つ英文を完成させなさい。6および7は，適切な比較表現を用いて，与えられた日本語を英語に正しく訳しなさい。

1.
To me, learning science through experiments was (　　) exciting (　　) exploration in my childhood.

※ヒント:「…と同様に」

2.
I believe that the advice of an experienced person is (　　) useful (　　) what the manual says.

※ヒント:「…よりもっと～だ」

3.
(　　) you gain only knowledge by studying for a test, you will learn more by making a presentation of your research.

※ヒント:対比を示す表現

4.
After a few tries, I felt making a speech was (　　　) (　　　) the first time.

※ヒント:「…よりもっと楽だ」

5.
Carrying out the election promises will (　　　) be (　　　) easy (　　　) making them.

※ヒント:「…ほど〜ではない」

6.
インターネットで調べるほうが図書館に行くよりも能率的だ。

_____

_____

7.
あなたは実家から離れて暮らすことによって自立する一方で，家族からの支援を恋しく思うことだろう。

_____

_____

_____

比較文はリスニング問題の解法でも，**とても大切**だよ！ リスニングの P.124 でも学習した内容だから，復習しておこう！

解答

■ 練習問題 5
1. (as)(as)
2. (more)(than)
3. (While)
4. (easier)(than)
5. (not)(as)(as)
6. Searching on the Internet is more efficient than going to a library.
7. While you will be independent living away from home, you will miss the support from your family.

訳
1. 私にとっては、実験を通じた科学学習は子どもの頃の探検のように面白かった。
2. 私は経験者からの助言のほうがマニュアルに書いてあることよりも役立つと信じている。
3. 試験勉強では知識を得るのみだが、研究発表をすることでもっと多くを学ぶことだろう。
4. 数回やってみた後では、はじめてのときよりもスピーチをするのが楽になったと感じた。
5. 選挙公約を実行するのは、作成するほど容易ではないだろう。

練習問題5の英文1〜7を何度も書いて暗記し、ライティング力をアップさせよう！

| 攻略法 6 | 順序立てて話を展開させよう！ |

自分の考えを1つ1つの文に込めつつ，それらをうまくつないでいくのがTOEFLエッセイ攻略のコツです。「**つなぎ言葉**」の上手な活用は順序立てて話を展開させるのに**必須**ですので，ぜひ使いこなせるようになりましょう。

> **練習問題 6** 下記の設問に答えたTOEFLエッセイがある。エッセイの流れから判断して，（　）の中の適切な語を選びなさい。

Question: Two ways to learn are from books and through experience. Which way of learning do you think is the better way? Use specific reasons and examples to support your answer.

TOEFLエッセイ

I believe learning through experience is better than learning from books. (**1. If / Although / Because**) good books are helpful in learning, I still believe experience offers (**2. so / similar / more**) advantages (**3. than / that / while**) book learning for the following reasons.

(**4. At beginning / At first / Firstly**), people naturally remember what we experience firsthand (**5. long / better / most**) than what we read in books. (**6. While / So / If**) we remember well, we can use the learning in many situations throughout our lifetimes.

(**7. Then / Secondly / In other words**), lessons from books are mostly generalized, so the situations in real life often do not go the (**8. same / different / better**) way as they are written in books. (**9. Therefore / For example / Although**), once I tried to get help from a book to give a good impression at a job interview, but the interviewer asked questions that were very (**10. similar / more than / different from**) the practice questions in the book. (**11. While / Although / Then**) I realized that I am the only person exactly like me in the world, so no interview book has a section written just for me. (**12. Even though / Therefore / For example**), experiencing more job interviews is (**13. as / better / more**) helpful (**14. so / than / despite**) reading more books on job interviews.

(**15. Finally / However / For example**), I believe that people take lessons learned through experience more seriously than book learning. (**16.**

So / Because / Although) firsthand experience has (**17. more / while / as**) risk of negative outcome such as getting hurt or wasting time or money, we know we have to be careful in choosing the course of action. (**18. Although / However / In other words**), experience is an opportunity in which we can learn to think carefully before we act.

(**19. Because / On the other hand / In conclusion**), I support the idea of learning through experience more than from books (**20. because / although / if**) live lessons are more real, unique and intense.

解答

■ 練習問題6

1. Although 2. more 3. than 4. Firstly 5. better 6. if
7. Secondly 8. same 9. For example 10. different from
11. Then 12. Therefore 13. more 14. than 15. Finally
16. Because 17. more 18. In other words 19. In conclusion
20. because

設問訳

学習には，本による方法と経験による方法の2つがある。あなたはどちらの方法がよいと思うか？ 具体的な理由と例をあげて，自身の解答を証拠立てること。

TOEFL エッセイ訳

私は経験を通して学ぶほうが本から学ぶよりもいいと信じている。良書は学習において役立つものであるが，それでも私は以下の理由で，経験のほうが本からの学習よりも多くの利点があると確信している。

第一に，人は本で読んだことよりも，直に経験したことのほうを自然とよく覚えているものである。しっかり記憶できれば，我々は学習したことを生涯を通して多くの状況に活用できるものである。

第二に，本から得る教訓というのはたいてい一般化されており，実際の状況はなかなか本に書かれている通りにはいかないものである。例えば，私は就職

面接で好印象を与えるために本の助けを借りようとしたことがあったのだが，面接官は本に記載されていた練習用の質問とはまったく異なる質問をしてきた。そこで私が気付いたのは，自分のような人間はこの世でたった1人しかいないということで，私のためだけに書かれた1節が用意された本などないということだ。そのため，就職面接をたくさん受けたほうが，就職面接に関する本を読むよりも役に立つのである。

　最後に，人は本による学習よりも経験を通して得た教訓のほうをより真摯に受け止めるものだと私は信じている。直に経験したことには，傷ついたり時間やお金を無駄にしてしまうといった悪い結果となるリスクがより多く伴うため，我々は採るべき行動を選択する際に慎重にならなければならないと理解するのである。言い換えれば，経験とは，実際に行動する前に慎重に考えることを学ぶためのチャンスなのである。

　結論として，私は本より経験を通じて学ぶという考え方を支持する。なぜなら実地の教えはより本物であり，唯一無二であり，濃密だからだ。

| 攻略法7 | 説得力を持たせよう！ |

　意見を述べるライティングでは，**明確な理由の説明**と**例を用いた説得力**が求められます。
　例えば「英語を勉強する理由」について説明する場合，「外国の人と話せるからだ」とだけ答える人と，「英語を勉強すると広がりが体験できて楽しいからだ。他言語を話す人たちとのコミュニケーションが可能になるので交友関係も仕事のチャンスも広がり，また異文化に触れることで考え方も行動範囲も広がるのが面白いからだ」と答える人がいた場合，後者の答えが示す説得力は明白です。
　しかし，後者は特に難しいことを語っているわけではなく，自分の思いを言葉にして言っただけにすぎません。このような**「何げないこと」をうまく言葉に表すこと**が，**TOEFLライティングでは重要**です。
　頭ではわかっているのに言葉にするのは難しい…そんなテーマのTOEFLライティングを繰り返し練習して，広がりのある英語表現力を身につけましょう。

練習問題7 以下の問いに対するあなたの答えを，具体的な理由と例をあげて説明しなさい。各10分以内を目標とする。

1.
When do you choose to e-mail instead of making a phone call?

2.
What are the benefits to a student of working part-time?

3.
Why are mobile phones with a camera function popular?

4.
Why do we greet each other?

■練習問題 7

1．解答例

　When I contact my friends, I often choose e-mail if I am not in a hurry because they can read my message when it is a convenient time for them. Telephone calls, on the other hand, don't wait for a convenient time. I feel bad if they are in the middle of doing something and have to stop to answer my call. I also don't want to ring their mobile phones when they may be in class or on a train, for example. So when I am not sure, I try e-mail first. If it is difficult to wait, or I know it is not a bad time for them, I will then make a call.

2．解答例

　You may be more successful as a student if you can spend all of your free time studying. On the other hand, you might benefit from working part-time in some cases. One such case would be when you need money. Then it is a good idea for you to get a part-time job. The income can provide you with money for school, housing, food and transportation. Another case would be when you are interested in a certain career path and the part-time job gives you a chance to gain experience in that field. For example, if you are interested in becoming a high school teacher in the future, you can try being a home tutor for high school students to experience teaching the same age group. Finally, working at a place where you deal with people of a wider age range may provide good experience toward joining the work force. That experience will help you when you start working with people of various ages.

3．解答例

　There are good reasons why mobile phones with a camera function are popular. The first reason is the portability of a mobile phone. Because a mobile phone is small and portable, it is handy to carry and take pictures with it almost anywhere. People usually don't carry a camera all the time, but they may see something that they want to take a picture of. In such a case, a mobile phone with a camera function is very helpful. Secondly, because a mobile phone with a camera function also has an e-mail function, you can e-mail the photos you take. This can be very useful. If you are buying something for your family, for example, you can take a picture of the item and then show it to them to see if they like it before buying. I can also imagine that such mobile phones can help solve crimes as pictures of possible suspects can be taken by citizens and sent to the police. Finally, with a mobile phone, taking a photo with friends and sharing it by e-mail is much easier and quicker than using a digital camera and PC e-mail.

4．解答例

We usually greet each other when we see someone by saying "Good morning" or "Hello." I believe that greeting is a gesture that lets the person know that I see you and respect your presence. Greeting is also an opportunity to initiate some kind of communication. For example, if you and the other person smile at each other when greeting, then you will know that you share a friendly feeling toward each other. You will then feel more comfortable and secure in that situation. Without greetings, people have difficulty communicating with each other. Not knowing what the other person is feeling is uncomfortable. Respect and friendly communication between people are important in our society. So this is why I believe that we greet each other.

解説・訳

1．ポイント：Eメール連絡のほうが電話連絡よりもいい場合の例をあげられているか。

設問訳：電話をする代わりにEメールを選ぶのはどんなときか？

解答例訳：友人に連絡を取るときは，相手が自分の都合のよいときにメッセージを読めることから，急ぎでなければEメールをよく選ぶ。その一方で，電話は相手の時間の都合を待つことはない。もし何かをしている最中で，いったん

それを中断して私からの電話に出させるのは申し訳ないと思う。また，相手が例えば授業中だったり，電車の中にいるというときに電話を鳴らすことも避けたい。だからよくわからないときは，まずEメールを送る。もし待つことが困難だったり，相手の都合が悪くないときだとわかっている場合は電話をかけるだろう。

2. ポイント：学生アルバイトの利点として，具体的な理由と例があげられているか。

設問訳：学生にとってアルバイトをすることの利点は何か？

解答例訳：自由時間のすべてを勉強にあてられたら，学業がよりうまくいくかもしれない。しかしその一方で，アルバイトをすることで，恩恵を受けられる場合もある。その一例が，お金を必要としている場合である。その場合は，アルバイトをするのはよい考えである。得た収入で学費，家賃，食費，交通費をまかなえるだろう。もう１つの例は，ある職業に興味があって，アルバイトでその分野での体験ができるという場合だ。例えば，もし将来高校の教員になりたいということであれば，その年齢層を教える経験を得るために，高校生の家庭教師になってみることもできる。最後に，幅広い年齢層の人たちと接する場で働くと，社会に出る際のいい経験となるかもしれない。その経験は，様々な年齢層の人たちと仕事をする際に役立つだろう。

3. ポイント：カメラ付き携帯電話の人気の説明となる活用例があげられているか。

設問訳：カメラ機能付き携帯電話はなぜ人気があるのか？

解答例訳：カメラ機能付きの携帯電話が人気なのには，もっともな理由がいくつかある。第一の理由は，携帯電話の持ち運びやすさだ。携帯電話は小さくて携帯しやすいので，ほぼどこにでも持ち歩いて手軽に写真を撮ることができる。普通の人はいつもカメラを持ち歩くわけではないが，写真に収めたいものを目にすることもあるかもしれない。そんなとき，カメラ機能つき携帯電話が大変役に立つのだ。第二に，カメラ機能付き携帯電話にはEメール機能もついているので，撮った写真をEメールで送ることができる。これは，とても役に立つことがある。例えば，家族に何か買おうとしていて，その商品の写真を撮って見せることができれば，買う前に気に入ってもらえるかどうかがわかる。また，私の想像だが，そのような携帯電話なら犯罪の解決にも役立つだろう。容疑者と思しき人物の写真を市民が撮影し，警察に送ればよいのだ。最後に，携帯電話があれば，友人と写真を撮ってEメールで共有することは，デジタルカメラ

とパソコンのEメールを使うよりずっと容易で速い。

4. ポイント：挨拶の利点や必要である理由が述べられているか。
設問訳：なぜ私たちは互いに挨拶をするのか？
解答例訳：私たちは人を見かけたら「おはようございます」や「こんにちは」といって互いに挨拶をする。挨拶とは,「あなたを見てあなたの存在を尊重している」と相手に知らせる意思表示なのだと私は信じている。また挨拶は何らかのコミュニケーションを始めるチャンスでもある。例えば，挨拶の際にお互い微笑み合ったとしたら，それは2人が互いに向けた友好的な気持ちを共有しあったということなのだとわかる。そうすれば，その場が居心地のよい安心できる場になるのを実感するだろう。挨拶なしでは，互いにコミュニケーションが取りにくい。相手がどう感じているのかわからないというのは不安なものである。敬意と友好的なコミュニケーションが人と人の間にあるというのは，私たちの社会にとって重要なことである。だから私たちは互いに挨拶をするのだと私は確信している。

4 TOEFLライティング総合対策

TOEFL形式の問題に挑戦しましょう！

> **統合型ライティングタスク（設問1）に取り組む際のポイント**
> **内容理解**：パッセージと講義の両方の視点からの情報を取り入れよう。
> **分析力**：情報の比較・分析でポイントをしぼろう。
> **相違の説明**：結論でパッセージと講義の見解の違いを明確に示そう。

> **単独型ライティングタスク（設問2）に取り組む際のポイント**
> **設問理解**：設問で求められていることに忠実に答えよう。
> **明確さ**：設問で求められている解答を冒頭で明確に述べよう。
> **一貫性**：すべての理由説明や具体例が冒頭で述べた解答につながるように構成しよう。

挑戦！ TOEFL実力テスト CD-70

Question 1

Writing Based on Reading and Listening

Reading Time: 3 minutes

> The use of tobacco harms the health of the user, and places major costs on society. This is why high taxes should be placed on cigarettes.
>
> Smoking increases the user's risk of cancer, heart disease and many other costly health problems. As a result, the public healthcare system must spend huge amounts of money. Expensive medicines, hospital resources and the precious time and effort of doctors are spent on preventable tobacco-related diseases.
>
> In a free society, each person is free to use legal substances that can

harm the user. But tobacco also harms people other than the user. Studies show that even non-smokers are harmed by tobacco smoke. So some have pointed out that non-smokers are also exposed to tobacco health risks from what is called "secondhand" smoke.

   Therefore, some say that high taxes should be placed on cigarettes, and that the resulting money should be used to pay for costs that tobacco places on society. The money from high tobacco taxes could be used to pay for the cost that tobacco places on the public healthcare system. And higher tobacco prices would discourage tobacco use. This would reduce the effects of secondhand smoke. The more one smokes, the more one pays. So such taxes are seen as a way of making smokers pay their fair share.

Listen to the lecture.   **CD-70**

Question:
Summarize the points made in the lecture, being sure to explain how they oppose specific points made in the reading passage.

You must finish your answer in 20 minutes.

Question 2

Writing Based on Knowledge and Experience

Question:
Do you agree or disagree with the following statement?
All children in public schools should be required to study a second language, even if it is not directly related to their specific career plans. Use specific reasons and examples to support your answer.

解答・解説

◆設問1　（スクリプトはP.292）

ポイント

1. 「喫煙は健康に悪いため社会にコストがかかっている」ことから「タバコ税の提案」があることが述べられている。

    パッセージの冒頭の "The use of tobacco harms the health of the user, and places major costs on society. This is why high taxes should be placed on cigarettes." が鍵となる。

2. 1の提案に対する支持理由が「二次喫煙を削減できる」ことと「喫煙者に公正な費用の負担をさせる方法」であることが述べられている。

    パッセージの終わりの "This would reduce the effects of second-hand smoke." と "... such taxes are seen as a way of making smokers pay their fair share." が鍵となる。

3. 1の提案への反対理由として「タバコだけが課税対象になるべきでない」「タバコ税は貧しい人から追加税を取ることになる」という意見が述べられている。

    講義の後半の "They say that if we place extra taxes on cigarettes, why not extra taxes on drinking alcohol, driving motorcycles, or overeating?" と "On average, cigarette smokers tend to belong to lower-income segments of society. So critics say that placing extra taxes on cigarettes is a way of placing extra taxes on the poor." が鍵となる。

満点解答例【設問1】

(A)The passage states that tobacco taxes should be placed. It presents a view that smokers increase health risks for themselves and those who "secondhand smoke," so they should pay more to cover tobacco-related healthcare costs.

On the other hand, the professor says that high taxes should not be placed on cigarettes. (B)Smoking is harmful but tobacco cannot be different from the other examples such as sugar, alcohol or motorcycles which all have risks of costing the society. These items may also cause disease and injuries which will be costly for the public healthcare system. So the lecture points out that it's not fair to place tax on tobacco alone.

Also, (C)the lecture states that a tax on tobacco means more tax from people with low income because smokers are concentrated in the lower income class.

Therefore, for these two reasons, the lecture states that it is not fair for smokers alone to pay extra tax (D)because such taxes are not seen as a way of making them pay the fair amount.

プラス採点チェック

1. （A）タバコ税が必要であるとする主張の要点がよくまとめられている。
2. （B）（C）講義で展開されたタバコ税反対論（ポイント3参照）がわかりやすく述べられている。
3. （D）講義の結論がパッセージの主要論点（ポイント2の2つ目参照）を覆していることを正確に伝えている。

満点解答例訳【設問1】

　パッセージは，タバコ税は取り入れられるべきだと述べている。喫煙者自らと「間接喫煙する」人たちの健康上のリスクを増加させていることから，喫煙者はタバコ関連の医療コストをもっと負担すべきとの見方を示しているのである。

　その一方で，教授はタバコに高い税金を課するべきでないと言っている。喫煙は有害ではあるが，タバコは砂糖やアルコール，オートバイといった他の例と異なるはずもなく，それらはすべて社会に負担をかけかねないものだ。これらのものも，公的医療保険制度にとって高くつくような病気や怪我を引き起こしかねないのである。だから講義は，タバコだけに税を課するのは公平ではないと指摘している。

　また講義では，喫煙者が低所得層に集中していることから，タバコ税は所得の少ない人々にさらに税を課することになるとも述べている。

　したがって，これら2つの理由により，そのような税は公正な額を払わせているとは見受けられないため，喫煙者のみが余分に税金を払うのは公

正でないと講義は述べている。

5点中2点の解答例【設問1】

The professor says that high taxes should not be placed on cigarettes. Smoking is harmful but tobacco cannot be different from the other examples such as sugar, alcohol or motorcycles which all have risks of costing the society. (A)Disease and injures are the cost too. It's not fair to place a tax on tobacco alone because the others increase cost and hurt the society.

Also, (B)in society, people with lower income are smokers. So it's not fair for them to pay the tax alone. Therefore, such taxes are not (C)making smokers to pay the fair amount.

マイナス採点チェックと改善

1. パッセージ内容に触れておらずタバコ税案反対の意見のみに偏っている。
   → **改善** パッセージの論点を冒頭に要約して出す（満点解答例（A）参照）。

2. （A）は情報不足な上に文法ミスもある。
   → **改善** injure は動詞なので，名詞の複数形 injuries にする。"disease and injuries" と "cost" について具体的な説明を加える（満点解答例（B）2文目参照）。

3. （B）は厳密には正確でなく，確認ポイント3の1つ目「喫煙者は低所得者層に多い」を正確に反映していない。
   → **改善** smokers の代わりに many smokers とすることで断言を避け，"In society, many smokers are in the lower-income class." のように変える。

4. （C）には文法の誤りがある。
   → **改善** 使役動詞の make には to は不要なので make smokers pay the fair amount. とする（〈make＋人＋動詞〉で「人に～させる」という意味になる）。

5点中2点の解答例訳【設問1】

教授はタバコには高額な税が課せられるべきでないと言っている。喫煙は有害であるが，タバコは砂糖やアルコール，オートバイといった他の例

と異なるはずもなく，それらはなべて社会に負担をかけかねないものだ。病気や怪我をするのもコストである。他のことも社会にかかるコストを増幅させて損害を来していることからタバコだけに税を課すのは公正でない。

また，社会では低所得の人たちが喫煙者である。だからその人たちだけが税金を払うのは公正でない。したがって，そのような税は喫煙者に公正な額を支払わせてはいないのである。

◆設問2

ポイント

1. 設問が掲げる意見に対して賛成か反対かを明示すること。
エッセイの導入部で賛成か反対かの意見表明およびその理由を簡潔に述べ，結論部で再び解答と理由をまとめるとエッセイが締まる。

2. 解答に対して具体的な理由と例をあげて説明する。
導入部と結論部で述べた理由を本論部で発展させること。理由と例が具体的であることと，それらが解答と一貫してつながっていることを確認する。

満点解答例【設問2】

(A)I believe that learning a second language should be a requirement in public schools even if it is not directly related to specific career plans. This is because learning languages improves abilities and skills that go beyond the ability to speak and write.

When a child learns a second language, it helps them develop their mental capabilities. When I began learning English, for example, I learned new ways of putting sentences together. I had to learn new ways of combining verbs and nouns, etc., and that means learning new ways of thinking and expressing myself. I could compare these language patterns with the patterns of my own language. (B)This taught me more about my own language, and made my thinking more flexible.

Learning a foreign language goes together with learning a foreign culture. If you learn French, for example, you will learn about French culture, food, clothing and ways of thinking. As the world becomes more international, everyone should learn about at least one foreign culture, which may lead to a better understanding about how to handle cultural differences.

Children don't really know what their future careers will be. And they really can't say, "My career will never require any foreign language" yet. This is because the world is changing. The business world is becoming more international. Some day, everyone will be required to understand and talk to people of other countries. So if we don't teach our children to do so, we are giving them a disadvantage.

This is why a second language should be required in schools. It develops their mental abilities. And also, children don't know what their future careers will be like. You never know what opportunities and challenges will happen in the future. So you should be prepared for unexpected language challenges. (c)The best way to do this is to require the learning of another language.

プラス採点チェック

1. (A) 賛成か反対かの答えと簡潔な理由が述べられている。
2. (B) 同じ段落の第1文で述べた「子どもの知能発達に外国語学習が役立つ」の説明として的確な具体例を出せている。
3. それぞれの段落の冒頭に主張を示した後に理由説明が続いているので，理路整然としている。
4. 本論部である第2～4段落で導入部の内容を証拠立てる具体的な理由説明を展開させているため，一貫性のあるエッセイになっている。
5. (C) 最後の結論が冒頭で述べた答えと一致しており，エッセイに締まりを効かせている。

満点解答例訳【設問2】

　たとえキャリアの目標に直接関係がないとしても，第二言語学習は公立学校では必修にすべきだと私は考える。その理由は，語学学習は，話すことや書くこと以上の能力やスキルを向上させるからだ。

　子どもが第二言語を学ぶと，その学習は知能の発達を促す。例えば私が英語を学習し始めたとき，私は新しい文の組み立て方を学習した。動詞や名詞などを組み合わせる新たな方法を学習しなければならなかったのである。そしてそのことは，新しい考え方や表現方法を学ぶことでもあったの

だ。私は，新しい言語と母語のパターンを比べることができた。これによって私の母語に関する理解は深まり，より柔軟に考えることも可能になったのだ。

外国語学習は，外国文化の学習と切っても切り離せない。例えばフランス語を学べば，フランス文化や料理，衣服，考え方を学ぶことにもなる。世界がさらに国際化する中，すべての人が少なくとも１つの外国文化を学ぶべきである。そうすれば，文化的な差異にどう対処すればいいのか，より理解できるようになるだろう。

子どもたちは，自分の将来のキャリアが何であるのかを実際にはわかっていない。だから「自分が就く仕事には外国語は必要ない」とはまだ言えないのである。その理由は，世界は変化し続けているからだ。ビジネスの世界はさらに国際化が進んでいる。誰もがいつか外国の人たちと話し，理解することが求められる日が来るだろう。だから子どもにそうすることを教えておかないと，不利な思いをさせてしまうことになるのだ。

こういうわけで，第二言語学習は学校において必修にすべきなのである。その学習は知能を高めてくれるだろう。そして子どもというのは将来の仕事についてわかっていないものなのだ。将来どんなチャンスや困難があるかなどわからないものである。思わぬ言葉の問題に対して，あらかじめ備えておくべきなのである。その最善策が，外国語学習を必修にすることなのだ。

5点中3点の解答例【設問2】

Learning languages (A)improve abilities and skills that go beyond the ability to speak and write.

When a child learns a second language, it helps them develop their mental capabilities. When I began learning English, for example, I learned (B)new ways. I could compare the new language with my own language. (C)This taught me a lot about them.

(D)If you learn French, for example, you will learn about French culture, food, clothing and ways of thinking. It is a good idea for everyone to learn about at least one foreign culture.

Children don't really know (E)what their future careers. And they really can't (F)say My career will never require any foreign language yet.

This is why a second language should be required in schools. It develops their mental abilities. And also, they don't know what their future careers will be like. You never know what opportunities and challenges will happen in the future. So you should be prepared for unexpected language challenges. The best way to do this is to require the learning of another language.

マイナス採点チェックと改善

1. **冒頭部で問いへの答えを明確に示していない。答えがなく理由だけを述べるのでは不十分。**
   → **改善** 設問にあるように，第二外国語学習の必修化について "agree" か "disagree" を述べた文をここで明示する。読み手に「察する努力」を要求するのは TOEFL では不適切（満点解答例（A）参照）。

2. **（A）は文法ミス。主語が三人称単数かどうかに気をつける。**
   → **改善** s をつけて improves にする（主語は learning から始まっているので「1 つの行為」すなわち単数ととらえるので動詞に s がつく）。

3. **（B）は説明不足。何の新たな方法なのかを具体的に述べたい。**
   → **改善** 例えば「新たな自己表現の方法」とするなら new ways of expressing myself とできる（満点解答例第 2 段落参照）。

4. **（C）は具体性が乏しい。設問が求めているように例を提示したい。**
   → **改善** その段落の初めに …helps them develop their mental capabilities「知能の発達を促す」とあるので，その具体例を提示したい（満点解答例第 2 段落参照）。

5. **（D）は第二外国語を必須とすることを説得する説明としては，直接的つながりが弱い（異文化学習の話が唐突に出てきた印象を与える）。**
   → **改善** 異文化学習の具体的な有用性を説明するとともに，外国語学習から異文化学習の奨励に移る際のつながりの説明を加える（満点解答例第 3 段落参照）。

6. **（E）には文法的な誤りがある。**
   → **改善** 動詞が抜けているので，what their future careers will be とする（主語の their future careers の後に動詞 will be が来て「将来のキャリアが何になるのか」となる）。

7. **（F）は誤りのある文。**
   → **改善** say の後は文の主語である they が言う言葉なので，引用句となるようにコンマと引用符を付けて say, "My career will never require any foreign language" とする。

5点中3点の解答例訳【設問2】

語学学習というのは話すことや書くこと以上の能力やスキルを向上させる。

子どもが第二外国語を学ぶと，その学習は知能の発達に役立つ。例えば私が英語を学習し始めたとき，私は新たな方法を学習した。新しい言語と母語を比べることができた。するとそれらの言語について，多くを教えられた。

　例えばフランス語を学べば，フランス文化や料理，衣服，考え方を学ぶことになる。すべての人が少なくとも1つの外国文化を学ぶのはいい考えだ。

　子どもたちは自分が将来どのような職業に就くのか，あまりよくわかっていない。だから自分が就く仕事には外国語は必要ないとはまだ言えないのである。

　だから第二外国語学習は学校において必修にすべきだ。その学習は知能を高めてくれるだろう。そして子どもというのは将来の仕事についてわかっていないものなのだ。将来どんなチャンスや困難があるかなどわからないものである。言葉が理解できないことによる思わぬ困難に対して，あらかじめ備えておくべきなのである。その最善策が外国語学習を必修にすることなのだ。

スクリプト・訳

◆設問 1

スクリプト

Narrator: Now listen to a lecture based on the same topic as you just read.

Professor: Critics of tobacco taxes simply say that tobacco is not the only thing that is harmful. So it shouldn't be the only product with extra taxes. Yes, too much smoking causes cancer. But too much sugar causes diabetes. Too much food causes obesity. Too much alcohol damages the liver, and causes traffic accidents. And too much gambling causes economic harm. Riding bicycles or motorcycles increases medical risks. Almost everything we do has an effect on society. Many ordinary activities, such as driving a car or playing baseball, put others at risk.

Critics of a higher tobacco tax say that it is not fair. They say that if we place extra taxes on cigarettes, why not extra taxes on drinking alcohol, driving motorcycles, or overeating? On average, cigarette smokers tend to belong to lower-income segments of society. So critics say that placing extra taxes on cigarettes is a way of placing extra taxes on the poor.

Question: Summarize the points made in the lecture, being sure to explain how they oppose specific points made in the reading passage.

リーディング訳

読む時間：3分

> タバコの使用は喫煙者の健康を害し，社会に多大なコストを負わせている。だからタバコには高額な課税がなされるべきである。
>
> タバコを吸えばガン，心臓病，そのほかお金のかかる数多くの健康被害など，喫煙者のリスクが高まる。その結果，公的医療保険制度は多額の資金を費やさなければならなくなるのだ。高額な医薬品，病院設備等や医師の貴重な時間および労力が，予防可能なタバコ関連の疾病に注がれてしまうのである。

自由社会においては，自身に害が及ぶこともありうるような合法的な薬物の使用は各々の自由である。しかしタバコは喫煙者以外の人にも害をもたらす。研究調査では，非喫煙者までもがタバコの煙害を被っていることが示されている。そのことから非喫煙者は「二次喫煙」と呼ばれるタバコによる健康リスクにさらされているのだと指摘する人もいる。

　そのため，タバコには高額な税が課せられるべきで，徴収した税金はタバコが社会に負担させている費用の支払いに充てられるべきだという人もいる。タバコの高額な税金は，タバコが公的医療保険制度に負わせている費用をまかなうのに充てることもできる。そしてタバコの値段が高くなれば，タバコの使用を思いとどまらせることができるだろう。そうすれば二次喫煙の影響を削減できるだろう。喫煙をすればするほど，払う額が増えるのである。だから，そのような税金は喫煙者らに相応の負担を担ってもらう1つの方法だとみなされるわけである。

スクリプト訳

ナレーター：読んだ内容と同じトピックについての講義を聞きなさい。

教授：タバコ税反対論者らは，タバコだけが有害なものではないと簡潔に述べています。だから，追加税のかかる唯一の物（品）にすべきではないと。たしかに，過剰な喫煙はガンを引き起こすでしょう。しかし，過剰な糖分接種も糖尿病を引き起こすし，過食は肥満を引き起こすし，過剰なアルコールも肝臓に障害を起こしたり，交通事故を起こすのです。そして賭け事のやりすぎも経済的な害があります。自転車やオートバイに乗ることも，医療的なリスクを高めます。我々のすることのほとんどすべてが社会に影響を及ぼしているのです。車の運転や野球といった多くの普通の行為も，他者にリスクを負わせているのです。

　タバコ増税に批判的な人たちは，その課税は不公平だと言います。タバコに追加的に税を課すなら，飲酒やオートバイに乗ることや過食も追加税の対象となるのではないですか？　平均すると，喫煙者は低所得層に属する傾向があります。だからタバコに追加課税をするということは貧困者に追加税を課することになるのです。

設問：講義の要点をまとめなさい。それらが，パッセージのどのポイントに具体的に反論しているのか，きちんと説明すること。

◆設問1
リーディングとリスニングに基づいたライティング

　設問訳：講義で述べられた要点を要約しなさい。それらがパッセージで述べられている具体的な要点に対してどのように対立しているかを説明すること。
　20分で書き上げること。

◆設問2
知識と経験に基づいたライティング

設問訳：あなたは以下の意見に賛成か反対か？
　それぞれが予定している職業に直接関連しないとしても，第二言語の学習は公立学校のすべての児童に必修とするべきである。
　具体的理由と例をあげて，あなたの意見を論じなさい。

●監修者／著者
柴山 かつの（しばやま かつの）
オフィスレム顧問。日米英語学院および多くの大学・企業でTOEFL, TOEICの講師歴も豊富。実用英検1級，通訳ガイド国家試験資格保持。著書に『外資系でやっていける英語が身につく』シリーズ，『短期集中講座！ TOEIC® TEST』シリーズ（以上，明日香出版社），『新TOEIC® TEST スピードマスター入門編』（共著，Jリサーチ出版），『時間との戦いに勝つためのTOEIC® TEST 総合対策』（ベレ出版），『あなたも通訳ガイドです』シリーズ（ジャパンタイムズ）など多数。うち5冊は海外数か国にて翻訳出版。

●著者
Braven Smillie（ブレーブン・スマイリー）
フリーランス・ジャーナリスト。カリフォルニア大学バークレー校で言語学を専攻した後，サンフランシスコ州立大学で修士号（英語教授法）取得。神田外語大学講師，AP通信社記者を経て現職。著書に『音読で鍛える英語』シリーズ，『新TOEIC® TEST まるごと模試600問』（以上共著，アルク），『英語リスニングパーフェクト教本』（共著，ジャパンタイムズ），『TOEFL® テスト コンピューター対応完全制覇』（共著，三修社）など多数。

新田 亜紀子（にった あきこ）
カリフォルニア州立大学卒，神戸女学院大学大学院修了（修士論文のテーマは，「実用的英語コミュニケーション能力教授法」）。在米8年の経験を活かし，大学・企業等で多数の講師経験を持つ。指導分野はTOEFL, TOEICのほか通訳，ビジネス英会話など多岐に渡り，同時通訳の経験も豊富。TOEIC用教材の執筆等も幅広く手がける。

茶谷 康子（ちゃたに やすこ）
フリーランス翻訳家。通訳者養成校コングレ・インスティテュート講師。大学・企業でのTOEFL，TOEIC講座等の語学研修のほか，翻訳指導の経験も豊富。実用英検1級。沖縄国際海洋博覧会では政府事業部英語通訳を担当。産業翻訳に加え，語学書の翻訳も精力的にこなす。

全セクション対応　TOEFL® TEST はじめての徹底攻略！
―TOEFL® iBT 対応―
2010 年 6 月 20 日　第 1 刷発行
2014 年 8 月 20 日　第 5 刷発行

監修・著　柴山かつの
著　　者　ブレーブン・スマイリー　新田亜紀子　茶谷康子
発 行 者　前田俊秀
発 行 所　株式会社 三修社
　　　　　〒150-0001　東京都渋谷区神宮前 2-2-22
　　　　　TEL 03-3405-4511　FAX 03-3405-4522
　　　　　振替 00190-9-72758
　　　　　http://www.sanshusha.co.jp
　　　　　編集担当　松居奈都

印刷・製本　萩原印刷株式会社

©Katsuno SHIBAYAMA, Braven SMILLIE, Akiko NITTA, Yasuko CHATANI 2010
Printed in Japan
ISBN978-4-384-05603-7 C2082

装幀／小沼孝至
本文レイアウト／オフィス・ガゼルファーム
本文イラスト／朝田千香子

付属 CD 録音／財団法人 英語教育協議会（ELEC）
付属 CD 制作／高速録音株式会社

Ⓡ〈日本複製権センター委託出版物〉
本書を無断で複写複製（コピー）することは，著作権法上の例外を除き，禁じられています。
本書をコピーされる場合は，事前に日本複製権センター（JRRC）の許諾を受けてください。
JRRC〈http://www.jrrc.or.jp　e メール：info@jrrc.or.jp　電話：03-3401-2382〉